绍兴文理学院出版基金资助

U0514688

长三角一体化背景下浙江城镇化发展与产业协调演进研究

Research on the Urbanization Development and Industrial Coordinated Evolution of Zhejiang Province under the Background of Yangtze River Delta Integration

李小明　著

中国财经出版传媒集团
经济科学出版社
Economic Science Press

图书在版编目（CIP）数据

长三角一体化背景下浙江城镇化发展与产业协调演进
研究／李小明著. —北京：经济科学出版社，2023.3
ISBN 978 - 7 - 5218 - 4667 - 6

Ⅰ.①长… Ⅱ.①李… Ⅲ.①城市化 - 研究 - 浙江②
区域经济发展 - 产业发展 - 研究 - 浙江 Ⅳ.
①F299.275.5②F127.55

中国国家版本馆 CIP 数据核字（2023）第 057663 号

责任编辑：杨 洋 卢玥丞
责任校对：孙 晨
责任印制：范 艳

长三角一体化背景下浙江城镇化发展与产业协调演进研究
李小明 著
经济科学出版社出版、发行 新华书店经销
社址：北京市海淀区阜成路甲 28 号 邮编：100142
总编部电话：010 - 88191217 发行部电话：010 - 88191540
网址：www.esp.com.cn
电子邮箱：esp@ esp.com.cn
天猫网店：经济科学出版社旗舰店
网址：http://jjkxcbs.tmall.com
北京季蜂印刷有限公司印装
710 ×1000 16 开 12.75 印张 190000 字
2023 年 4 月第 1 版 2023 年 4 月第 1 次印刷
ISBN 978 - 7 - 5218 - 4667 - 6 定价：48.00 元
（图书出现印装问题，本社负责调换。电话：010 - 88191545）
（版权所有 侵权必究 打击盗版 举报热线：010 - 88191661
QQ：2242791300 营销中心电话：010 - 88191537
电子邮箱：dbts@ esp.com.cn）

目录 / C O N T E N T S

第1章　长三角一体化发展背景　001

1.1　长三角经济发展与产业一体化／002

1.2　长三角地区科技创新一体化／005

第2章　城镇化相关理论回顾和实践基础　009

2.1　城镇化相关文献／009

2.2　国内外实践基础／014

第3章　城镇化与产业相关理论　023

3.1　城乡结构转换理论／023

3.2　非均衡发展理论／026

3.3　城市增长理论／029

3.4　产业集群相关理论／031

3.5　产业结构演化理论／035

第4章　浙江城镇化发展概况 040

4.1　浙江城镇化发展的动力因素／041

4.2　浙江新型城镇化发展路径创新／047

第5章　浙江新型城镇化创新模式 057

5.1　特色小镇模式／057

5.2　特色小镇相关研究／059

5.3　数字经济类特色小镇／061

5.4　历史经典类特色小镇模式／066

5.5　浙江特色小镇经验总结／069

第6章　浙江产业发展分析 073

6.1　浙江产业总体发展情况／073

6.2　杭州产业发展分析／078

6.3　宁波产业发展分析／085

6.4　温州产业发展分析／094

6.5　绍兴产业发展分析／100

6.6　嘉兴产业发展分析／110

6.7　湖州产业发展分析／115

第7章　浙江城镇化与产业发展的协调关系分析 131

7.1　城镇化与产业发展相关概述／131

7.2　城镇化与产业结构的耦合机理分析／133

7.3　城镇化与产业结构的协调演进关系分析／138

7.4 浙江城镇化与产业发展的协调发展分析 / 141

第 8 章 **浙江城镇化发展与产业协调演进过程中存在的主要问题** 154

8.1 耦合协调度有待提升，产业集群存在同质化
竞争 / 154

8.2 区域经济发展不平衡，人才队伍大而不强 / 156

8.3 低碳转型成效显著，碳排放形势仍旧严峻 / 158

8.4 城乡差距依旧存在，农村地区发展相对滞后 / 160

第 9 章 **产业发展政策建议** 163

9.1 提升产业结构和新型城镇化协调程度，实现产城
融合 / 163

9.2 培育各类产业人才，优化人才生态环境 / 167

9.3 改善生态环境，为城镇化发展与产业协调演进
提供新的动力 / 172

9.4 以乡村振兴为依托，实现耦合协调发展的新
平衡点 / 176

参考文献 181

第 1 章

长三角一体化发展背景

长三角区域一直是我国经济发展最快、开放程度最高、城镇化基础最好的地区之一。2018 年 11 月，习近平总书记在首届中国国际进口博览会开幕式主旨演讲中明确指出，将支持长江三角洲区域一体化发展并上升为国家战略①。2019 年 5 月，习近平总书记主持召开中央政治局会议，审议《长江三角洲区域一体化发展规划纲要》②。同年 12 月，中共中央、国务院正式印发《长江三角洲区域一体化发展规划纲要》（以下简称《纲要》），其规划范围包括上海、江苏、浙江、安徽全域。《纲要》要求，到 2025 年，中心区城乡居民收入差距控制在 2.2：1 以内，中心区人均 GDP 与全域人均 GDP 差距缩小到 1.2：1，常住人口城镇化率达到 70%。2020 年 8 月，习近平总书记在合肥主持召开扎实推进长三角一体化发展座谈会并发表重要讲话强调，为进一步推进长三角一体化发展指明了方向③。在此背景下，一体化新红利将加快推动浙江城镇化建设、优化产业结构。城镇化发展与产业协调演进需要一个长期的调整和发展过程，长三角地区的经济发展、产业结构、科技创新等变化可有效解释长三角一体化格局演化。

---

① 习近平. 共建创新包容的开放型世界经济——习近平在首届中国国际进口博览会开幕式上的主旨演讲［J］. 对外经贸实务，2018（12）：4-6.
② 习近平主持中共中央政治局会议［EB/OL］. 新华社，2019-05-13.
③ 习近平主持召开扎实推进长三角一体化发展座谈会并发表重要讲话［EB/OL］. 新华社，2020-08-22.

1.1 长三角经济发展与产业一体化

长三角一体化背景下，三省一市积极融入长三角都市圈的发展，充分发挥资源、要素、区位、政策等方面的优势，通过强化产业引导，形成特色鲜明、优势互补的产业发展格局，有助于推动长三角地区促进区域经济一体化发展。

以 2022 年为例，长三角地区经济总量超 29 万亿元，约占全国经济总量的 24%。[①] 上海全年实现地区生产总值（GDP）44652.80 亿元，其中，第一产业增加值 96.95 亿元；第二产业增加值 11458.43 亿元；第三产业增加值 33097.42 亿元，第三产业增加值占地区生产总值的比重为 74.1%。[②] 江苏全年地区生产总值 122875.6 亿元，迈上 12 万亿元新台阶，第一产业增加值 4959.4 亿元，第二产业增加值 55888.7 亿元，第三产业增加值 62027.5 亿元，全年三次产业结构比例为 4∶45.5∶50.5。[③] 浙江省生产总值为 77715 亿元，比上年增长 3.1%。分产业看，第一、二、三产业增加值分别为 2325 亿元、33205 亿元和 42185 亿元，三次产业结构为 3.0∶42.7∶54.3。[④] 安徽全年生产总值（GDP）45045 亿元，比上年增长 3.5%。其中，第一产业增加值 3513.7 亿元；第二产业增加值 18588 亿元；第三产业增加值 22943.3 亿元。三次产业结构由上年的 7.9∶40.5∶51.6 调整为 7.8∶41.3∶50.9。[⑤] 从以上三省一市的三次产业的结构分布来看，产业结构符合"三二一"大都市的发展规律。目前，长三角地区经济产值还是以第二产业为主，制造业是长三角经济发展的重要支柱。

上海作为长三角龙头，产业结构持续优化升级，城市化进入高质量发展新阶段，服务业成为上海经济增长的主动力。尤其是生产性服务业

---

① 全琳珉，张源. 长三角 41 城全员越过"千亿线"［N］. 浙江日报，2023 – 02 – 09.
② 2022 年上海市国民经济和社会发展统计公报［EB/OL］. 上海市统计局，2023 – 03 – 22.
③ 2022 年江苏省国民经济和社会发展统计公报［EB/OL］. 江苏省统计局，2023 – 03 – 03.
④ 2022 年浙江省国民经济和社会发展统计公报［EB/OL］. 浙江省统计局，2023 – 03 – 16.
⑤ 安徽省 2022 年国民经济和社会发展统计公报［EB/OL］. 安徽省统计局，2023 – 03 – 21.

是推动产业向价值链高端攀升的重要力量，加速城市化进程。《上海市生产性服务业发展"十四五"规划》指出，大力发展与先进制造业密切相关的更加智能化、知识更加密集的十大重点领域，即：总集成总承包服务、供应链管理服务、产业电商服务、研发和设计服务、检验检测认证服务、智能运维服务、节能环保服务、生产性金融服务、生产性专业服务、职业教育培训和人力资源服务。例如，在智能运维服务方面，三省一市设备管理协会共同发起成立"长三角设备智能运维服务联盟"，旨在通过加强区域协同合作，抓住数字化机遇，加快企业设备运维的智能化升级，推动高质量发展。上海生产性服务业稳步增长，不仅体现了上海作为国际金融中心、国际航运中心、国际贸易中心、国际经济中心和科创中心等"五个中心"的城市功能，还提升了参与全球竞争能力，给周边城市、县域城市带来强劲的辐射力和带动力。

江苏经济和工业实力强悍，2021 年苏州、南京、无锡、南通等城市进入 GDP 万亿俱乐部。江苏已形成良好的产业集群，2021 年，工业和信息化部开展的先进制造业集群决赛优胜者名单正式确认，江苏共有 6 个先进制造业集群入围，数量与广东并列全国第一①。江苏入围的先进制造业集群分别是：无锡物联网集群、南京市软件和信息服务集群、南京市新型电力（智能电网）装备集群、苏州市纳米新材料集群、徐州市工程机械集群、常州市新型碳材料集群。工信部"先进制造业集群竞赛"，被认为是国内最高规格的产业集群竞赛，代表着国内产业集群的最高水准。根据科技部公布的 2021 年国家高新区综合评价结果，江苏苏州工业园区、南京国家高新区、常州国家高新区等 10 区进入全国前 50 强，数量再创新高、全国居首。2021 年，高新区以占全省 5.3% 的土地面积，创造了全省 49.3% 的高新技术产业产值，集聚了全省 46.6% 的省级以上人才计划高层次人才和 47% 的高新技术企业，成为全省最具竞争力的创新高地、人才高地和产业高地②。

---

① 王梦然，付奇. 江苏 6 个产业集群入选"国家队"数量与广东并列全国第一 ［N］. 新华日报，2021 - 03 - 31.

② 杨频萍，张宣，蔡姝雯. 动能澎湃，创新活力加速释放 ［N］. 新华日报，2022 - 01 - 17.

浙江全力建设全球先进制造业基地，启动实施新一轮制造业"腾笼换鸟、凤凰涅槃"，大力实施淘汰落后、创新强工、招大引强、质量提升四大攻坚行动。浙江印发《浙江省实施制造业产业基础再造和产业链提升工程行动方案（2020—2025年）》《浙江省全球先进制造业基地建设"十四五"规划》。除制造业外，数字经济作为浙江经济的特色和优势所在，形成数字安防、集成电路、高端软件等具有全球竞争力的标志性产业链和数字产业集群，对经济增长的正向影响日益显现。从浙江四大都市区的优势产业分布来看，杭州、宁波、温州、金义四大都市区核心区以不到全省40%的面积集聚了全省69.5%的常住人口[①]。杭州都市区，以数字经济为特色，发挥其独特韵味、别样精彩世界名城的辐射作用；宁波都市区，定位在建设以开放创新为特色的国际港口名城；民营经济活跃的温州都市区，建设以国际时尚制造为特色的中国民营经济之都；金义都市区，则建设以丝路开放为特色的世界小商品之都、国际影视文化之都。

安徽积极承接上海非大都市核心功能疏解和苏浙产业转移，实现分工合作。皖北承接产业转移集聚区作为产业承接的重要载体，是实现长三角产业分工合作的重要突破口，集聚区包括安徽淮北、亳州、宿州、蚌埠、阜阳、淮南六市，以及滁州市定远、凤阳、明光和六安市霍邱四县（市）区域内的国家级、省级开发区和省级（际）合作共建园区。如张江萧县高科技园是上海张江高科技园区首个县级示范基地，以"基金＋基地""投资＋服务"模式，通过股权注资引导和吸引新兴产业落户，建成集聚发展平台。萧泉工业园是萧县、徐州泉山区合作共建的工业园，承载萧徐两地工业合作、产业转移、项目投资和人才信息交流等任务。亳州高新区与上海市工业综合开发区、军崇谷科创园、青浦工业园3家签署园区战略合作协议，探索发展产业转移"园中园"和"飞地经济"，加快推进融入长三角一体化。

---

① 浙江省发展改革委浙江省建设厅关于印发《浙江省新型城镇化发展"十四五"规划》的通知［EB/OL］.浙江省发展和改革委员会，2021-05-31.

1.2 长三角地区科技创新一体化

长三角地区作为全国重要创新基地，科研实力拔尖、专利申请活跃、自主创新能力强大，肩负创新驱动发展的重要使命，为产业结构升级提供源源不断的创新源泉。知识产权是衡量区域创新能力的重要指标，在优化知识产权生态环境方面，2019 年 4 月苏沪浙皖三省一市签署《长三角地区共同优化知识产权营商环境合作意向书》，在建立保护协作机制、建设服务体系、推动海外资源共享等方面达成一致合作意见。2021 年 3 月长三角生态绿色一体化示范区执委会发布《关于在长三角生态绿色一体化发展示范区强化知识产权保护推进先行先试的若干举措》，作为首个跨省域强化知识产权保护的指导性文件，在推进知识产权联合保护、加强知识产权服务资源共享流动、推进知识产权管理服务一体化、强化知识产权保护一体化制度保障 4 个方面提出 16 条具体的先行先试举措。如今，在"互联网 +"大环境下，现代信息技术提升了知识产权领域治理能力。2021 年 11 月长三角知识产权信息公共服务平台正式上线，共设置信息检索、办事大厅、服务网点、维权保护、产业地图、交易中心、公益培训七大功能板块，整合了三省一市知识产权优势公共信息资源和优势服务资源。在此背景下，长三角地区知识产权一体化成效明显，区域内知识产权服务行业初具规模。根据国家统计局《2021 年全国知识产权服务业统计调查报告》显示，超过六成的知识产权服务机构分布在京津冀地区、长三角地区、粤港澳大湾区、成渝地区等区域，有效推动区域经济稳步发展。全国 1.9 万家成立时间在 1 年或 2 年的知识产权服务机构中，长三角地区占比近 3 成①。

根据《2022 年上海市国民经济和社会发展统计公报》数据显示，上

---

① 调查显示：我国知识产权服务业稳步发展支撑创新作用不断凸显［EB/OL］. 国家知识产权局，2021 - 12 - 20.

海全年专利授权量为17.83万件。其中，发明专利授权3.68万件，比上年增长12.0%；实用新型专利授权11.85万件，下降2.0%；外观设计专利授权2.31万件，下降9.9%。全年PCT国际专利申请量为5591件，比上年增长15.8%①。其中，张江科学城的科学特征日益明显，发挥了很好的引领作用。张江实验室和上海脑科学与类脑研究中心先后挂牌成立，李政道研究所、张江药物实验室、张江复旦国际创新中心、上海交通大学张江高等研究院、同济大学上海自主智能无人系统科学中心、浙江大学上海高等研究院、国家时间频率计量中心上海实验室等一批创新机构和平台落地张江。在知识产权保护方面，上海出台《上海市知识产权保护条例》《上海市反不正当竞争条例》《关于强化知识产权保护的实施方案》等文件，使得知识产权创造质量稳步提高。以浦东新区为例，2021年4月国家发展改革委下发了《关于推广借鉴上海浦东新区有关创新举措和经验做法的通知》，向全国推广有关创新做法共3类25项51条，其中"设立中国（浦东）知识产权保护中心"位列其中，具体内容包括"多渠道、多主体"保护体系；司法保护与行政保护高效协作；拓展知识产权海外维权援助的资源和能力。

江苏知识产权局开展"知识产权助力产业强链"产才对接行动，其中网络通信与安全紫金山实验室、材料科学姑苏实验室、江苏恒瑞医药股份有限公司等10个创新载体、龙头骨干企业与国家专利审查协作江苏中心"产才对接"成功，推动了知识产权人才与重点产业精准对接。2022年末全省有效发明专利量42.9万件，比上年末增长22.8%；万人发明专利拥有量50.4件，增长22.4%②。以南京江宁区为例，2022年，江宁区被商务部、国家知识产权局联合认定为国家知识产权服务出口基地，成为全国第一批获批的9家知识产权服务出口基地之一，也是目前全省唯一获批国家知识产权服务出口基地的行政区③。全区专利授权量2.14

---

① 资料来源：上海市统计局网站。

② 资料来源：江苏省统计局网站。

③ 江宁区知识产权工作成绩亮眼为创新发展"强筋健骨"[EB/OL].江宁区人民政府网站，2022-04-27.

万件，有效发明专利拥有量 2.74 万件，江宁入选国家知识产权强县建设示范县，江宁开发区、江宁高新区分别入选国家级知识产权强国建设示范、试点园区①。其中江宁高新区生物医药企业坚持自主创新，取得重大创新成果。自主研发的细胞治疗产品——用于治疗多发性骨髓瘤的西达基奥仑赛，获得美国食品药品监督管理局批准，在美国上市。

浙江打造知识产权强国建设先行省，相继出台《关于新形势下加快知识产权强省建设的实施意见》《关于全面强化知识产权工作的意见》《全面强化知识产权保护行动计划（2020－2021 年）》等政策，知识产权政策体系逐渐完善。2022 年全年专利授权量 44.4 万件，其中发明专利授权量 6.1 万件，比上年增长 7.9%。科技进步贡献率预计为 68%。新增"浙江制造"标准 421 个，累计 3029 个②。杭州、宁波、台州列入国家知识产权运营服务体系建设重点城市，76.4% 的县（市、区）进入省级以上知识产权示范县③。尤其是在知识产权领域，浙江通过推进数字化改革，例如，2021 年 4 月"浙江知识产权在线"正式上线，该系统聚焦知识产权保护一件事集成改革，直击知识产权保护痛堵点，实现知识产权申请、融资、评估、保护、预警、维权、管理、检索、培训、咨询等 10 个主要功能，于全国首创"一窗口统办、一平台交易、一链条保护、一站式管理、一体化服务"五大应用场景④。随后，同年 9 月"浙江知识产权在线"正式开通"浙江省知识产权区块链公共存证平台"，平台利用区块链技术分布式存储、不可篡改、安全保密及可溯源等特性，为原创设计、数据资产、商业秘密等知识产权权利和权益提供权威、高效的区块链公共存证服务⑤。

安徽 2022 年全年登记科技成果 23049 项，其中各类财政资金支持形

---

① 资料来源：南京市江宁区人民政府网站。
② 资料来源：浙江省统计局网站。
③ 浙江省知识产权发展"十四五"规划［EB/OL］. 浙江省市场监管局（省知识产权局），2021－09－23.
④ 任明珠，市闻."浙江知识产权在线"上线将在五大应用场景发挥作用［N］. 浙江日报，2021－04－26.
⑤ 全琳珉. 浙江再次为它召开大会透露什么信号？［N］. 浙江日报，2022－09－20.

成的科技成果 1252 项。授权专利 15.7 万件，比上年增长 2%。年末全省有效发明专利 14.5 万件。[1] 科技创新平台扩容升级，合芜蚌国家自主创新示范区、全面创新改革试验省、合肥综合性国家科学中心、国家实验室等创新主平台相继获批，滨湖科学城建设正在推进[2]。2022 年 1 月，科技部官网正式公布《科技部关于支持安徽省建设合芜蚌国家科技成果转移转化示范区的函》，合芜蚌跻身国家科技成果转移转化示范区阵营。示范区以合肥、芜湖、蚌埠、安庆、六安五市为建设主体，通过深化科技体制改革，探索科技成果转化模式创新，营造有利于科技成果转移转化的政策和制度环境，提升科技成果转化效率和水平。2022 年 8 月，国家知识产权局批复同意安徽开展国家级知识产权保护中心建设。安徽国家级知识产权保护中心将面向安徽新材料产业和节能环保产业开展知识产权快速协同保护。

---

[1] 资料来源：安徽省统计局网站。
[2] 安徽省人民政府办公厅关于印发安徽省"十四五"科技创新规划的通知 [EB/OL]. 安徽省人民政府办公厅，2022 – 02 – 22.

第2章

城镇化相关理论回顾和实践基础

2.1 城镇化相关文献

2.1.1 城镇化和新型城镇化

在中国，"城镇化"概念最早出现在《小城镇大问题》（费孝通，1983）一文中，后来辜胜阻（1995）在《中国二元城镇化战略构想》中阐述了较为完整的定义。他认为城镇化是在经济发展过程中人口不断由农村向城镇地区集中的过程，是中国社会、经济现代化进程中必然的一个重要的结构转换。改革开放以来，中国城镇化进程处于快速发展时期，1978年，中国城镇化率只有17.9%[①]，到2011年就突破了50%，城镇人口达到6.9亿人，首次超过农村人口[②]，实现了中国社会结构的历史性转变。城镇化发展取得了巨大成就，吸纳了大量农村剩余劳动力就业，促进了人民群众生活水平的提高。然而，纵观中国城镇化的发展历程，不难发现，各种问题和矛盾日益显现，主要表现为：城乡经济社会发展差距继

---

① 陈文胜. 城镇化进程中乡村社会结构的变迁 [J]. 湖南师范大学社会科学学报，2020（2）：57 – 62.

② 新华网. 中国城镇人口首次超过农村人口 [J]. 商业研究，2012（10）：13 – 13.

续扩大，社会矛盾日趋尖锐；城镇化过程中资源消耗严重，生态环境受到破坏；城市综合承载能力不强，公共服务水平有待提高；小城镇发展无序、大城市人口过度膨胀，城市发展不协调等（张占斌，2013）。邹德慈院士（2004）也指出制约城镇化的瓶颈主要是就业、土地、能源、水资源等问题，而不仅是户籍、政策等问题。其后，蔡国华和李苗（2007）认为县域城镇化存在中心镇辐射能力弱、土地利用率低、农村劳动力素质不匹配、管理体制落后等问题。黄季焜和刘莹（2010）实证分析表明，农村乡镇企业发展、城镇化或人口居住地的集中等因素对农村环境有显著负面影响。孙祁祥等（2013）则认为过度城镇化会容易造成城镇不能提供充足的劳动就业岗位而导致弱质城镇化，从而使得经济负增长。

随着"刘易斯拐点"的到来，劳动力、土地等要素成本的急速上升，以往过度依赖于"土地红利"和"人口红利"来实现经济增长的发展模式已难以为继，且内生性问题进一步凸显。在这种情况下，城镇化开始向深度城镇化转变。2012 年中央经济工作会议提出，把生态文明理念和原则全面融入城镇化全过程，走集约、智能、绿色、低碳的新型城镇化道路。《国家新型城镇化规划（2014—2020 年）》中旗帜鲜明地指出，要走"以人为本、四化同步、优化布局、生态文明、文化传承的中国特色新型城镇化道路"，这标志着我国的城镇化的重大转型，不再走传统城镇化的道路①。著名经济学家厉以宁教授说过，"中国城镇化要新型城镇化，不是过去传统城镇化。传统城镇化最后带来的是城市病，带来了城市中又出现反城市化倾向"②。以人为核心的新型城镇化作为未来中国经济增长的新动力，对于缩小城乡收入差距、促进产业结构升级、生态环境保护等方面具有举足轻重的作用。城镇化是中国的最大内需源泉，是经济持续增长的动力，需要统筹协调改革，才会释放出巨大的经济红利（金星彤，2013）。与传统城镇化不同，新型城镇化的本质是"以人为本"，

---

① 中共中央、国务院印发《国家新型城镇化规划（2014 – 2020 年）》［EB/OL］. 共产党员网，2021 – 12 – 23.

② 厉以宁. 未来必须就地城镇化［EB/OL］. 央广网财经，2013 – 10 – 17.

更加重视保护农民利益，有序推进农业转移人口市民化，实现人与自然、人与城市、人与社会的和谐统一，使人们的生活更美好。具体而言，最优地使用人口、土地和资本等生产资源（高效的城镇化）；为人们提供分享城镇化成果的均等机会（包容的城镇化）；土地、空气、水资源和自然资源条件相适应（可持续的城镇化）（国务院发展研究中心和世界银行联合课题组，2014）。对此，我国许多学者对新型城镇化进行了大量的研究，张占斌教授（2013）认为，推进新型城镇化健康发展，离不开统筹推进户籍制度改革、深化土地管理制度改革、完善住房保障制度改革、深化财税金融体制改革、优化行政区划设置改革等体制机制创新。焦晓云（2015）认为，农业产业化是推进农村就地城镇化的重点和核心，要引进先进技术，发展农业产业；改善农村公共设施；做好农业转移人口的技能培训等。陈明星等（2020）提出增进居民福祉是以人为本新型城镇化的核心，建议把增进城乡居民福祉作为国土空间规划编制的指导思想之一。徐文舸和赵惠（2021）建议重点从基础设施建设、新市民住房问题、健全市场化投融资机制等方面的短板弱项着手，充分发挥新型城镇化在拓展投资空间上的重要作用。

2.1.2 新型城镇化与低碳发展转型

在城镇化过程中的环境污染及能源消耗等问题，已然成为制约我国经济发展的主要瓶颈，如何妥善处理城镇建设与生态环境保护、能源资源需求之间的关系，对于降低环境污染，提升城镇化水平，实现生态宜居和谐发展具有重要意义。党的十九大明确指出"建立健全绿色低碳循环发展的经济体系"[1]。"绿水青山就是金山银山""坚持人与自然和谐共生"，如今，我国已迈入新的发展阶段，城镇化"坚持生态优先和生态文明原则"，向低碳发展转型成为经济高质量发展的必然选择。自我国提出

---

① 国务院关于加快建立健全绿色低碳循环发展经济体系的指导意见［EB/OL］. 中国政府网，2021 – 02 – 22.

降碳目标以来，很多学者对此展开了研究，主要包括以下两方面。

一是城镇化与碳排放的关系研究，陶良虎等（2020）从产业城镇化、人口城镇化、能源消费结构、土地城镇化、实际使用外商直接投资占比、研究与试验发展占比6个方面研究了其对广东省碳排放量的影响，发现产业城镇化和能源消费结构对碳排放量的影响最为显著。王鑫静等（2020）发现城镇化水平、工业占比及对外开放度均对碳排放效率提升具有显著抑制作用，不同等级城镇化水平国家各影响因素对碳排放效率的作用效应呈现明显的异质性。王玉娟等（2021）基于284个地级及以上城市的实证研究，新型城镇化与低碳发展之间存在内生互动性，其中经济发展水平、技术创新、人力资本积累等内生驱动因素和以政府能力为代表的外在驱动因素对新型城镇化与低碳发展的协调推进具有显著的促进作用。吕有金和高波（2021），以长江经济带108个城市为例，新型城镇化指数上升，环境污染指数下降，两者均存在高－高（低－低）的空间集聚特征。同时，新型城镇化能够降低本地区的环境污染，且经济、社会和空间城镇化发挥了主要作用。

二是新型城镇化向低碳发展转型的路径研究，杨正东和李京文（2014）认为通过实体经济的调整和虚拟金融制度创新的相互配合，才能够得到一个完整的中国城市低碳转型的发展框架。蒋长流和韩春虹（2015）指出，低碳城镇化建设需要构建一个制度改革驱动为保障、技术创新驱动为手段、资源效率驱动为支撑、低碳需求驱动为引擎和低碳供给驱动为路径的驱动力机制体系。王洁凝（2016）提出以发展装配式建筑推进新型城镇化建设的五大路径：提高住房供应的数量和质量，加快城镇基础设施建设，推动产业转型升级，引导农民工转型为产业工人，促进城镇绿色、循环、低碳发展。韩春虹和蒋长流（2017）认为利益关系是低碳城镇化转型中的关键问题，提出"理念""行为"和"绩效"激励维度分析框架，从中央政府的制度保障、地方政府的政策优惠、企业的创新支持和居民的低碳自律建立低碳城镇化转型"四力合一"的激励型协同治理路径。蒋长流（2017）从政府、企业、居民三方主体参与的角度为我国低碳城市发展路径的进一步优化提出对策。

2.1.3 农村转移人口市民化的研究

在新型城镇化过程中，破除城乡二元体制和促进城乡融合发展是社会发展的必然趋势。2022年，国家发展改革委印发的《2022年新型城镇化和城乡融合发展重点任务》提出：中国将坚持把推进农业转移人口市民化作为新型城镇化的首要任务，重点针对存量未落户人口深化户籍制度改革，健全常住地提供基本公共服务制度，提高农业转移人口融入城市水平。农村转移人口市民化作为提高新型城镇化发展水平和质量的重要任务，得到了社会各界的广泛关注。

一方面，关于农村转移人口的市民化意愿。朱纪广（2020）研究发现：个人特征（性别、年龄、受教育程度、健康状况与本地方言掌握情况）和经济特征（老家有无土地与分红和有无集体利益分红）对农民工市民化意愿具有显著性影响，其中以本地方言掌握情况与老家有无土地与分红等因素影响最为显著。喻开志等（2020）认为，医疗在农村转移人口市民化过程中起到了积极影响，健康档案的建立会显著提升农民工的市民化意愿，农民工有非流入地医疗保险显著降低了市民化意愿，而是否接受健康教育对农民工市民化意愿的影响并不显著。此外，户籍制度导致农业转移人口无法享有公平的社会保障，将严重影响他们的定居意愿。韩灵梅等（2018）以河南省户籍农民工820份样本调研数据为例，发现城市农民工社会保障体系越完善，农民工市民化意愿越强烈。邹一南（2020）认为，农民工市民化困境的根源在于新户改政策仅着眼于城市内部不同人群的福利失衡，应该进一步推进户籍制度改革，最大限度发挥政策红利，加大对中小城市的扶持力度。

另一方面，关于农村转移人口市民化能力的研究。李练军和邓连望（2016）将农民工市民化能力分为土地退出补偿能力、城市就业能力和城市融入能力，并提出要从人力资本、社会资本和城乡二元制度改革等方面提升农民工市民化。李练军和潘春芳（2017）根据江西省1056位农民工的实地调研数据进行了实证分析，研究表明新生代农民工市民化能力总体偏低，不同维度的市民化能力发展不均衡，城市就业能力最强，土地退出补偿能力次之，城市融入能力最差，是致使市民化能力偏低的主要因素。李瑞和刘超（2018）城市规模与农民工市民化能力呈倒"U"型关系，高技能农民工更容易从城市集聚中获益。刘传江（2020）研究结果表明，非认知能力主要通过社区融入效应、就业稳定效应和心理资本效应显著地提高了农民工的市民化能力；非认知能力对女性农民工和中生代农民工市民化能力的促进作用更强。

2.2 国内外实践基础

2.2.1 苏南模式

江苏是我国的经济实力强省。苏南地区包括南京、苏州、无锡、常州、镇江五市，不仅是江苏的核心区域，也是长三角最具发展潜力的城市群之一。谈起江苏的经济发展蓝图，不得不提的就是"苏南模式"，苏南模式由费孝通在20世纪80年代初率先提出，"以发展工业为主，集体经济为主，参与市场调节为主，由县、乡政府直接领导为主的农村经济发展道路的苏南模式"。[①] "苏南模式"在实践中不断创新发展，已走出一条独具特色的区域经济发展道路，主要有以下几个特征。

一是，苏南模式的三次创新改革。苏南模式诞生于乡镇企业异军突起的苏锡常地区，它以乡镇企业为依托，促进了工业化发展（顾松年，2009）。20世纪90年代初，苏南地区的乡镇工业在整个经济中已占据"半壁江山"[②]，实现了由以农业经济为主向以工业为主的历史性转变。在第一次演变过

---

① 费孝通. 费孝通全集第十卷：小城镇大问题［M］. 内蒙古人民出版社，2009：192 – 233.
② 张敏，顾朝林. 农村城市化："苏南模式"与"珠江模式"比较研究［J］. 经济地理，2002（4）：482 – 486.

程中，以农村集体经济为主的乡镇企业成为了主体，不仅突破了计划经济模式，催生集体经济发展新动力（罗小龙等，2011）。这种"离土不离乡""进厂不进城"的工业化带动城镇化路子，为农村剩余劳动力提供了众多就业机会，有效促进了苏南小城镇的经济发展。可见，在第一次创新改革过程中，乡镇企业的"异军突起"，为苏南农村带来一系列实实在在的超前变革。

到了 20 世纪 90 年代，外资企业的涌入和乡镇企业的产权改革成为江苏经济增长的重要推动力。随着改革进程的进一步加速及国家沿海开放战略的实施，借着上海浦东新区的开发，苏南地区成为外资投资的聚集地，苏南实现了"内生型"向"外向型"转变，走上了经济国际化的道路，外向型经济成为 90 年代苏南经济发展的重要特征。与此同时，苏南乡镇企业通过产权制度改革，实现"集体所有制"向"混合所有制"转变，改变了政企不分的发展局限①。苏南各类开发园区先后建立，乡镇企业和外资企业开始向开发区聚焦，加速了大量农村人口向城镇居民的转变，乡镇工业的积聚效应明显加强，苏南小城镇初具规模。

进入 21 世纪，民营经济作为独立的市场主体，成为江苏经济快速增长的先导力量。苏南地区小城镇在地理位置、交通条件等方面体现出来的优势，为民营经济提供了良好的投资经营环境，促进了民营企业的转型升级，主要通过与外商合资，与其他法人企业组建企业集团、建立股份制公司、上市等途径进行第二次产权改革（洪银兴等，2009），促进了生产要素的流动和分配上的自主性和积极性，保证了城镇化发展的经济基础，小城镇开始向小城市转变。

二是，城镇化与工业化良性互动。"苏南模式"的城市化为工业经济注入了新鲜的活力，蓬勃发展的工业实现了人口、产业和城市的聚集，城镇化也进入飞速发展阶段。苏南地区工业化与城市化之间相互促进、协调发展的特征尤为明显。只有提高本地企业自主研发和创新能力，才

---

① 武小龙，谭清美. 新苏南模式：乡村振兴的一个解释框架［J］. 华中农业大学学报：社会科学版，2019（2）：18－26.

能提高对技术溢出的吸收能力，促进经济可持续发展。随着新技术的推广和应用，一批具有自主知识产权、在产业链与价值链处于高端的制造业已然出现。以无锡市集成电路产业为例，作为全国唯一拥有集成电路全产业链的地级市，2022年集成电路实现产值2091.52亿元，其中专用材料及装备等支撑产业，产值相较2021年增幅达到26.15%[①]。

三是，外资对经济发展的影响。外商直接投资对促进苏南经济发展起到了重要作用，苏南地区地处长江三角洲核心区，紧邻上海，地理区位优势明显。外商直接投资在进入长三角的过程中是以上海为中心，逐步向苏南扩散（巫强等，2017）。在开放型发展模式下，苏南从最开始的"外引内联"，进而形成全方位对外开放格局，积极推进开发园区建设，到现如今的开放质量稳步提升，江苏利用外资规模一直是领跑全国（顾松年，2021）。特别值得一提的是，从"自费开发"到"全国前五"的昆山开发区，这个区域成为我国外商投资企业和台资企业最为密集的区域之一[②]。昆山以不足全国万分之一的土地面积，聚集了全国5.3‰的外资，创造了全国近2%的进出口总额[③]。多年来，对外合作、海外投资、对外贸易对苏南地区经济发展做出了重要贡献。一方面，外资除了弥补区域建设的资金缺口，更重要的是通过示范与模仿、竞争效应、人员培训、产业链等扩散途径（胡小娟和张智越，2011），达到技术创新溢出的目的，促进本土企业技术进步。另一方面，外资推动产业结构升级，实现从劳动密集型向技术密集型转型。

2.2.2　珠江三角洲模式[④]

珠江三角洲是改革开放的先行地，无论是在城镇化水平方面，还是

①　高飞. 无锡集成电路材料和装备业蓄势起航［N］. 无锡日报，2023 - 03 - 30.

②　洪银兴. 苏南模式的演进及其对创新发展模式的启示［J］. 南京大学学报（哲学·人文科学·社会科学版），2007（2）：31 - 38.

③　宋林飞. 苏南区域率先发展实践与理论的探索——从"苏南模式""新苏南模式"到"苏南现代化模式［J］. 南京社会科学，2019（1）：1 - 10.

④　许学强，李郇. 改革开放30年珠江三角洲城镇化的回顾与展望［J］. 地理经济，2009（1）：13 - 18.

基础设施建设、社会制度保障、地方 GDP 都是最突出的城市群之一，引领着我国经济高质量发展。珠三角地区由广州、深圳、珠海、佛山、惠州、东莞、中山、江门、肇庆 9 个城市组成。

不同于苏南城镇化，珠江三角洲是"强政府—强市场"典型城镇化发展模式。"桑基鱼塘"曾经是珠江三角洲的特色农业模式，在改革开放的过程中，以土地、劳动力等生产要素为基础，外资推动、自下而上的城镇化（周春山，2019），促使珠江三角洲封闭式的农业经济逐渐解体，向开放型的商品经济模式转变（左正，2001）。

其一，自下而上的农村发展是珠三角城镇化的初始动力。改革开放之初，珠三角乡镇企业通过自筹资金、自主经营、民主管理等方式深化企业改革，乡镇企业成为农民收入的主要来源及农村经济的重要支柱。可以说，珠江三角洲乡镇企业的兴起，标志着农村工业化崛起，带动了自下而上的城镇化，促进了农村劳动力非农化的转移，为城镇发展提供了丰富的劳动力资源（许学强和李郇，2009）。与此同时，1978 年东莞县太平手袋厂作为全国第一家来料加工企业，打开了"三来一补"的加工贸易模式的局面，港资的进入使得乡镇企业和地方工业得到极大的发展，成为吸纳农村剩余劳动力的一个新的渠道。

其二，外资的推动，对城镇化发挥了重要的推动作用。珠江三角洲毗邻港澳，港口、航道等基础设施完善，交通运输条件十分便利，优越的地理位置和良好的投资环境是吸纳外商投资的有利条件。珠三角与香港等地区的人口流动和物流具有跨境特征，城镇化的跨境性，是珠江三角洲城镇化不同于"苏南模式"的显著特征（薛凤旋和阳春，1997）。可以说，临近香港是珠三角的明显优势，珠三角凭借自身优势，深化与香港澳门合作，拓展区域经济合作新空间。在吸引外商直接投资方面，深圳和广州最为突出。2022 年深圳全年实际使用外资 110 亿美元，占全省比重为 39%，规模持续位居第一[①]。"十三五"时期，广州实际使用外资连年攀升，连续五年增速超 5%，累计 328.3 亿美元[②]。外商直接投资促

① 资料来源：深圳市商务局网站。
② 资料来源：广州市商务局网站。

进了资本、人力、技术等生产要素的自主扩散，市场规模也持续扩张，加快了当地企业改革及产业结构和空间布局的调整。正如国内学者的研究，认为外资对经济增长有明显的正相关关系，不过在区位选择上有着极大的差异性，市场一体化、劳动力成本、基础设施、市场规模、金融发展等因素对外资有影响作用（胡志强等，2018；王立平和吴瑶，2018）。现阶段，如何加大外来投资和对外贸易，提升本土企业的创新能力，推动区域经济可持续增长是首先需要解决的重要问题。

其三，珠三角成为人口迁移的吸引源。大量外资涌入珠三角，不仅解决了农村劳动力剩余问题，还促进了流动人口大量增加。到20世纪90年代初，珠江三角洲已经成为我国人口迁入量最大的地区。[①] 21世纪以后，全球经济一体化成为经济发展的必然趋势，珠三角进入向都市圈发展的新阶段。珠三角经济"强势"，资金、技术、人才等要素向珠三角地区集聚，导致非户籍人口占比过大，城中村现象普遍。尤其是广州、深圳两个超级大城市，根据《广东统计年鉴2022》数据，广州户籍迁移人口数，省内净迁移103212人，省外净迁移98002人；深圳户籍迁移人口数，省内净迁移117491人，省外净迁移225783人[②]。为此，对珠江三角洲模式转型进行了思考，未来城镇化要加快区域经济合作，解决流动人口的医疗、教育、住房等社会保障的短板，加快推进外来人口市民化。

其四，城镇化发展不能任凭市场调节，政府需要积极发挥宏观调控和引导作用。在对外开放政策上，深圳、珠海是我国最早成立的经济特区，是我国对外开放的窗口和全国体制改革的试验田。在城市空间规划上，面对城市化所带来的土地资源低效利用问题，通过行政区划调整、转地和大型设施来促进产业发展，提高城市发展竞争力[③]。例如，广州市

---

① 许学强，李郇. 改革开放30年珠江三角洲城镇化的回顾与展望［J］. 地理经济，2009（1）：13-18.

② 2022广东统计年鉴［EB/OL］. 广东省统计局，2022-10-25.

③ 李志刚，李郇. 新时期珠三角城镇空间拓展的模式与动力机制分析［J］. 规划师，2008（12）：44-48.

政府先后多次调整市区内行政区划，不断强化中心城区，扩大市区行政边界①。一系列改革措施和优惠政策促进了珠江三角洲的城镇化进程和改革红利的释放。

此外，在工业化、城镇化迅速推进和人口急剧增长的同时，珠三角城市群也面临植被破坏、环境污染等问题②。近年来，珠三角各城市围绕土地资源集约化，推进生态文明建设，先后出台了一系列相关规划与政策，在优化城市环境和生态建设方面取得了显著成效。《广州市城市总体规划（2017－2035年）》草案提出，广州的目标愿景是"美丽宜居花城活力全球城市"③。2018年，珠三角地区九市全部获得"国家森林城市"称号，实现了"国家森林城市"全覆盖④。2021年珠三角国家森林城市群通过国家级考核验收⑤。总之，政策上的倾斜和鼓励是珠江三角洲城镇化发展关键因素，不论是由"农村工业化"带动的城镇化发展，还是利用外资推动的工业化进程，政策始终发挥着强有力的支持作用。

2.2.3　荷兰模式⑥

荷兰是欧洲人口密度最高的国家，且大部分的国土都位于海平面之下，耕地面积狭小，自然资源贫乏。但荷兰在农业方面却有很大的成就，是全球第二大农业出口国，前瞻性的城市区域规划以及农业产业结构调整，为高科技农业发展奠定了基础，促进了城镇化和产业的协调演进发展。荷兰属于人多地少的国家，人均用地紧张，与中国具有一定的相似

① 伍灵晶，仝德，李贵才. 地方政府驱动下的城市建成空间特征差异——以广州、东莞为例 [J]. 地理研究，2017（6）：1029－1041.
② 黄国和，安春江，范玉瑞，徐琳瑜，李永平，蔡宴朋，李延峰，李锋珠. 江三角洲城市群生态安全保障技术研究 [J]. 生态学报，2016（22）：7119－7124.
③《广州市城市总体规划（2017－2035年）》草案公示 [EB/OL]. 广州市规划和自然资源局，2018－02－24.
④ 陈少宏，邵一弘. 珠三角9市全部获评国家森林城市 [N]. 南方日报，2022－10－12.
⑤ 王其琪，卜瑜. 珠三角国家森林城市群 [N]. 广州日报，2022－11－28.
⑥ 瑞斯·范德尔沃登，赵鹏军，白羽，安妮·特·维尔德. 成功还是失败？荷兰50年城镇化政策回顾 [J]. 国际城市规划，2018（1）：60－67.

性，其城市策略对于长三角城市群协调发展具有重要的启示作用。

其一，兰斯塔德"绿心战略"。荷兰自 20 世纪 60 年代开始已进行了五次全国空间规划，在国际上享有很好的口碑，被誉为"规划的国家"，其核心目标就是如何合理利用有限的土地资源，在有效保护生态环境和农业地区的同时，推动城市可持续发展（张书海等，2014）。可以说"绿色可持续的发展理念"始终贯穿了荷兰整个城市区域规划的方方面面。兰斯塔德（Randstad）位于荷兰西部，由阿姆斯特丹、海牙、鹿特丹和乌特勒支四个城市及若干中小城市组成。它一直是荷兰空间规划的重要的组成部分，内部有一个面积约 400 平方千米的农业地带（绿心），它的发展与五次空间规划密不可分，城市化活动和基础设施建设一直环绕着"绿心"展开①。前两次规划在保护"绿心"方面都未得到有效的落实，"绿心"遭到蚕食。第三次空间规划则强调分散集聚的空间布局模式，引导新增人口和就业在"绿心"以外的地区，确保"城市绿心"不被占据（王晓俊和王建国，2006）。随着城市人口持续增长及农业产业的不断扩展，第四次空间规划实行从分散到集中的调整，强调"紧凑"城市发展策略，例如新建房屋要选择在"绿心"之外，限制"绿心"内部的住宅开发；推行以城市公共交通为主的交通方式来保护"绿心"，实现城市土地的高效集约化利用。之后，荷兰政府为了提高空间质量和城乡生活标准，第五次规划提出了"城市网络"的概念（吴正红等，2012），而兰斯塔德成为多中心网络型城市群的典型代表，并保持着农业和休闲用地的特色。

其二，发展集约农业，促进农业结构调整。面对土地资源压力，集约化用地成为城镇化的必然选择。集约化利用土地，拓展城镇发展新空间，不但是解决空间结构不合理、土地利用粗放等问题的有效途径，还是实现经济发展和生态环境的协调发展的关键。由于纬度比较高，日照不足，荷兰根据自身的优势，重点发展畜牧业和花卉业，成为其特色主导产业并闻名世界。荷兰凭借强大的工业实力，为推进城镇化和农业现

---

① 袁琳. 荷兰兰斯塔德"绿心战略"60 年发展中的争论与共识——兼论对当代中国的启示［J］. 国际城市规划，2015（6）：50－56.

代化提供了技术和资金支撑，实现了城市化与工业化、农业现代化协调发展。在生态养殖方面，荷兰农场很重视畜牧业的绿色发展，截至 2019 年底，荷兰已注册的有机农业土地超过 7.5 万公顷，其中大部分用于奶牛养殖（方莹馨，2021），并且在养殖过程中，不使用抗生素和激素，环保有机的理念深入人心。还有些生态养殖场不用传统的巴氏灭菌法或高温灭菌法，而是通过添加特殊益生菌种，使牛奶更有利于身体健康（冀名峰等，2019）。

花卉产业被誉为现代农业中的"朝阳产业"和"黄金产业"，随着生活水平的提高，花卉已然成为人们日常消费的"必需品"之一。除了畜牧业外，花卉产业也是荷兰重要经济支柱之一，在全球市场上独占鳌头，年出口额达 100 亿欧元，出口量占全球市场约 60%（任彦，2020）。荷兰花卉产业的竞争力明显，玻璃温室的作用可谓功不可没。20 世纪 50 年代，位于荷兰东南部的一个小镇（Venlo），最早出现了一种小尖顶连栋玻璃温室，它的出现有力地推动了荷兰现代温室的发展。① 荷兰的玻璃温室和无土栽培就是集约用地的一种创新，在温室中自动化和智能化控制系统得到了广泛应用，通过计算机控制花卉的温湿度、光照、浇水、施肥等②。值得一提的是，荷兰玻璃温室几乎不使用农药，而是利用捕食性昆虫和真菌等虫害的天敌进行防治。从产业结构看，荷兰的花卉产业各环节分工明确，种子选育、检验检疫、保鲜包装、高效营销、物流运输等上下游产业链清晰（史琼等，2016）。尤其是通过拍卖市场的模式，可以做到当天拍卖的花卉在当天晚上或第二天上午出现在世界各地的花店里。阿斯米尔是世界最大的拍卖市场，贡献了全国 45% 的花卉交易量和 70% 的出口交易③。不难发现，荷兰高度集约化的方式发展农业，得益于科学的管理方式及先进科技技术的运用，不仅能提高农业抗风险能力，

---

① 房健. 荷兰玻璃温室蔬菜种植的特点 [J]. 世界农业，2000（10）：26–27.
② 王丹萱. 浅谈荷兰高效生态农业的发展对我国的启示 [J]. 上海农业科技，2022（6）：4–6.
③ 周静，张惠强. 小国家、大市场——从荷兰花卉产业发展经验看产业组织化水平提升 [J]. 中国改革，2022（3）：59–62.

实现农业增效，还大幅提升了农产品的国际竞争力，有利于城镇化的健康发展。

其三，大力发展教育事业，重视农业科研成果的推广。荷兰十分重视农业知识创新系统的构建，即研究、推广和教育三者协同发展的"OVO 三位一体"。具体而言就是研究机构从市场需求出发研发农业新技术，然后依靠专门的推广部门将新技术传达给农户，使科研成果快速转化为生产力。同时，农业类大学负责基础科学研究与高等农业教育。例如，瓦赫宁根大学是瓦赫宁根大学与研究中心的重要组成部分，是欧洲乃至全世界农业与生命科学领域最顶尖的研究型大学之一，其农业科学、生命科学、食品科学、环境科学等在全球享有极高的声誉[①]。荷兰已形成一个从初级到大学程度的农业教育体系，中级职业教育更是荷兰农民及从事与农业相关工作的基本资格。据荷兰中央统计局统计，荷兰农民大多都受过高等教育，80% 的农民会借助传感器、全球定位系统等高科技手段进行精准田间管理（陈新忠和袁梦，2020）。在 OVO 创新体系中政府扮演着重要角色，由农业部负责农业推广，推广费用也由政府全部支付（尹彬，2016）。"OVO 三位一体"模式不仅提高了农业从业人员的素质，为农业发展提供了科技支撑和智力支持，加快了农业科研成果的转化和推广，还实现了农业从粗放型向集约型的转化。

综上所述，从荷兰城镇化发展历程来看，有三条经验值得借鉴：一是农业始终是发展城镇化的基础；二是集约化用地成为城镇化的必然选择；三是城镇化与工业化良性互动，适度同步发展。

---

① 李莉. 荷兰瓦赫宁根大学及研究中心创新创业教育体系研究与启示［J］. 创新与创业教育，2021（5）：114－121.

第**3**章

城镇化与产业相关理论

3.1 城乡结构转换理论

3.1.1 "推—拉"理论

19 世纪 80 年代，英国经济学家拉文斯坦（E. Ravenstien）发表论文《人口迁移的规律》提出著名的"迁移法则"。20 世纪 50 年代末，唐纳德·博格（D. J. Bogue）首先提出人口迁移的"推—拉"理论。他认为，人口迁移的决策是由于两种不同方向的力综合作用的结果：一种是流入地存在促使人口迁移的拉力，包括较高的工资水平、较多的就业机会以及完善的基础设施等正面积极因素；另一种是流出地存在阻碍人口迁移的推力，包括自然资源枯竭、资本和技术替代劳动、劳动力过剩导致失业、较低的收入水平等负面消极因素。之后，美国学者埃弗雷特·李（E. S. Lee）在其论文《迁移理论》系统总结了"推力—拉力"理论，认为流入地和流出地对每一个流动人口而言，都既有拉力又有推力，并在拉文斯坦和博格的基础上补充了中间障碍因素。这些中间障碍主要包括：迁移距离远近、语言文化的差异、物质障碍及迁移者对这些因素的价值判断。根据推拉理论，流入地也存在影响人口迁移的"推力"因素（陌生环境、生活习惯、亲人分离、激烈竞争等），不过，流入地的

"拉力"仍占据主导地位。与此同时，在流出地同样存在若干"拉力"因素（家人团聚、熟悉的环境和社交网络等），只不过，流出地的"拉力"小于"推力"，劳动力的转移就是农村推力和城市拉力共同作用的结果。

"推—拉"理论作为解释人口迁移的经典理论，国内诸多学者根据中国的实际情况，对影响流动人口推拉力的因素进行了分析研究。长久以来，户籍制度一直是阻碍劳动力流动的制度障碍，导致城乡劳动力市场分割，制约城市化进程（蔡昉等，2001），使得推拉失去效力（李强，2003）。随着新型户籍制度改革目标确立，城镇化背景下农民农村人口的差异化流动引起了学者们的注意。肖周燕（2010）对"推—拉"理论进行重释，认为个体差异（年龄、性格、性别、文化程度等）和区域经济发展的差距（经济水平、医疗教育、就业机会、资源条件等）都是人口迁移动因。刘同山等（2014）以"个体特征、家庭特征、乡村联系和城市融入"等四个方面来解释农户的城镇迁移偏好，这大大完善和丰富了推拉理论在新时期的内容。其后，陈乙酉等（2018）分析了社会保障政策对农民工流动决策的影响，发现农村合作医疗和养老保险，对于"推"动劳动力外出务工具有正向影响；而城镇居民医疗保险和养老保险产生了"拉回效应"，限制了人口的自由流动和迁徙。张金荣等（2020）认为农村人口是在对城乡多种力量进行利弊权衡后，出现了人口流动分化现象，做出迁移、游走与回流三种人口流动。国内对于"推—拉"理论的研究为城镇化建设提供了重要参考依据，例如，"民工荒""招工难"，就是"推力"远远小于"拉力"时出现的问题。因此，在城镇化建设中，要充分发挥城镇的拉力，延伸和完善城镇的产业链，创造大量就业机会，不断提高城镇的承载能力和吸纳能力。

3.1.2 二元经济结构理论

英国经济学家刘易斯（W. Lewis）在其论文《劳动无限供给条件下的

经济发展》中提出了"二元经济"理论。刘易斯认为，大多数发展中国家的人力资源十分丰富，传统农业部门存在着大量低收入的劳动力，而现代工业部门的工资水平较高，可以从传统农业部门雇用源源不断的劳动力，这一过程会持续到农村剩余劳动力消失为止，最终逐步实现工业化。此后，拉尼斯和费景汉（Ranis and Fei）对"二元经济"理论进行了补充和发展，他们认为刘易斯模型忽视农业部门本身的发展，在工业化过程中，工业和农业两部门要平衡发展，才能释放农业剩余劳动力。费景汉—拉尼斯模型引入了"农业产量剩余"的概念，并把农业劳动力的流动过程分为三个阶段：劳动力无限供给阶段（劳动的边际生产率等于零或者接近于零）、劳动力有限供给阶段（劳动的边际生产率大于零但小于不变制度工资的劳动流出），经济完全商品化阶段（劳动的边际生产率大于不变制度工资的劳动流出）。根据刘易斯—费景汉—拉尼斯模型，劳动力不再无限供给，劳动力需求超过供给增长速度，持续性工资上涨，表明"刘易斯拐点"的到来。"刘易斯拐点"预示着"人口红利"时代的结束，是城乡融合发展的开始（都阳，2021），对于二元经济结构转化以及城镇化发展具有重要的指导意义。

　　二元经济结构理论符合大多数发展中国家的经济特点，是研究城市化的主要理论之一。但是由于我国现实状况不同，二元经济结构理论表现为城乡二元经济结构体制，城乡发展不平衡成为严重影响我国经济和社会发展的阻碍。长久以来，我国经济发展过度依赖于"人口红利"，但是随着劳动力成本的急速上升，这种"要素驱动型"来实现经济增长的发展模式已难以为继，且内生性问题进一步凸显。自2004年开始，长三角等地陆续出现"民工荒""招工难"的情况，并逐渐蔓延到其他地区，以蔡昉为代表的学者认为，中国已经进入了"刘易斯拐点"（蔡昉和都阳，2011），但是由于存在"劳动力回流"和"老龄化"的现象，农村仍存在大量的剩余劳动力（王亚楠等，2020）。在这种情况下，城镇化开始向"创新驱动型"的发展方式转变，也就是要以创新形成"城镇化红利"替代以往量大价廉的"人口数量红利"。对此，国内学者对城乡二元经济结构转化进行了大量研究，加快二元经济结构转化已经成为共识。高帆（2012）认为，城乡居民收入差距是二元经济结构集中表现，"劳动生产率差距"和"劳动参与率差距"是影响城乡二元经济结构转化的主要因素。王颂吉等（2013）则采用产业划分法，论证了乡镇企业发展对城乡二元经济结构转化具有积极影响。李勇（2017）讨论了剩余劳动力、资本非农化倾向和城乡二元结构转化之间的非线性关系，发现资本非农化倾向总体上有利于城乡二元结构的转化，但会受到剩余劳动力的影响。张军涛等（2021）研究发现：农村劳动力流动和城乡二元经济结构转化的空间相关性显著，省际之间具有显著的正向空间溢出效应。综上所述，劳动力流动与工业化进程密切相关，完善的产业支撑体系，区域间的资源优化配置，有利于妥善推进农村劳动力转移，实现城乡发展一体化。

3.2 非均衡发展理论

3.2.1 增长极理论

增长极理论作为非均衡发展理论的代表，在区域发展及规划中得到了广泛的应用。按照法国经济学家佩鲁（Francois Perroux）的观点，经济增长不可能均衡地分布在所有地方，区域内的经济发展是不平衡的，它会以不同的强度首先出现在一定地区、部门或产业上，并通过不同方式向外扩散。这些"增长点"或"增长极"具有支配的效应，对整个经济发展产生不同程度的影响。佩鲁认为，勇于创新的企业家是经济发展的主要动力，其所领导的企业的生产效率与经营效益明显高于区域内其他企业，占支配地位。而这些占支配地位的企业不仅促进自身发展，还通过产业之间的连锁效应，带动当地其他企业及周边地区的经济发展，最终推动区域的整体发展。佩鲁把增长极的形成条件进行了概括：

具有较强创新能力的企业和企业家；不断加大投资力度、扩大生产规模，最终产生规模经济效益；具备促进经济发展和提升创新能力的外部环境。此后，布代维尔（Budeville，1966）对"经济空间"进行了专门阐释，从地理空间的角度解释了增长极的内涵，并正式提出"区域发展极"概念。在他看来，增长极既可以是部门的，也可以是区域的，主导产业所在的城市就是增长极，增长极的形成及发展离不开城市的聚集优势。

我国正处于经济结构调整和社会转型的关键时期，物质、技术、资金、信息等资源相对匮乏，且分布不均匀，要灵活运用增长极理论，选取综合条件较好的地区作为"增长极"，以提高资源配置效率（王瑜，2011）。"非均衡增长"是实现各经济区域平衡发展的一个必要阶段（白义霞，2008）。而增长极理论对分析区域经济形势，制定战略规划有重要指导意义（曾德超，2005）。近年来，山东、福建、江西等地陆续实施"强省会"战略，省会城市作为政治、经济、文化中心，将其作为区域增长极有利于发挥产业发展的集聚效应。对此，国内诸多学者对此进行了相关研究，田超（2015）的研究显示：首位城市规模与经济增长间呈现倒"U"型的关系，最优的首位城市规模使得经济增长最快，各省份的经济发展水平及规模也会影响其最优数值。此外，首位城市规模的增加会拉大省域内部地区差距。其后，庄羽和杨水利（2021）发现省会城市首位度对区域创新发展水平的影响，取决于"要素虹吸"与"技术辐射"以及"要素拥堵""要素缺乏"的正负效应和强弱关系。李铭等（2021）从人口、经济、用地三个方面总结省会增长极发展情况，结果发现：全国27个省呈现单强核、多强核和无强核三种空间地理类型，因自然条件导致的单强核省份和无强核省份应继续强化省会增长极作用，其他类型省份可通过多中心策略促进省域均衡发展。可见，把有限的稀缺资源投入首位城市，强化省域增长极的经济实力是符合市场经济发展的规律，与区域协调发展并不矛盾，只是"强省会"战略更应因地制宜来制定，且充分发挥政府与市场的双重作用，引领城市群发展，构建一个整体功能完善的经济新增长极。

3.2.2　中心—边缘理论

中心—边缘理论是由弗里德曼（J. R. Frideman）于 1966 年在其学术著作《区域发展政策》中正式提出来的。之后，弗里德曼《极化发展理论》中将"核心—边缘"从经济空间结构归纳为一种社会生活普遍适用的理论模式，主要用来阐明区际或城乡之间非均衡发展的过程。弗里德曼认为，在区域经济发展过程中，"核心"和"边缘"存在着不平等的发展关系，由于核心区的资本集中、经济比较发达、人口密集，具有较高创新变革能力，居支配地位。而边缘区人口密度和规模相对较小、经济较为落后，在发展方向上取决于核心区，两者共同组成一个完整的空间系统。继弗里德曼之后，1991 年克鲁格曼（Krugman）提出核心—边缘（CP）模型。该模型探讨了最初对称的农业和工业的两区域，通过劳动力要素内生化形成"中心—边缘"的区域结构，即工业聚集区域为"核心区"，农业化的区域为"边缘区"，而这种聚集力和分散力取决于贸易自由度的变化。

"十四五"规划纲要指出，要发展壮大城市群和都市圈。我国拥有长江三角洲、珠江三角洲、京津冀、成渝、粤闽浙沿海等 19 个城市群，"中心—边缘"结构的理论对于形成城市群的协同发展效应有着重要理论意义。国内关于中心边缘理论的研究十分丰富，学者们从不同的视角对区域经济发展与中心边缘的理论进行了研究。陈建军和姚先国（2003）的研究证明，上海和浙江的区域经济关系用中心—边缘模式来分析并不妥当，从要素资源流动的角度分析，两者是优势互补的邻域渗透型区域经济关系。赵金丽和张落成（2015）将泛长三角四省一市分成"核心—边缘—外围" 3 个圈层，发现 3 个圈层之间的产业转移呈现出显著的梯度转移特征，在发展前期，泛长三角产业的转出地主要是核心区，转入地主要是边缘区，发展到一定阶段后，转出地主要是核心区和边缘区，转入地主要是外围区。张桐（2018）认为在区域发展中，中心区在资源占有、发展水平、创新能力等多个方面占据优势甚至强势地位，并借此对边缘区域进行支配或控制，未来需要探索打破"中心—边缘"结构的途径。林细细等（2018）以合肥经济圈为例，采用合成控制法等实证方法全面研究其区域经济增长效应，实证结果表明：合肥经济圈"外溢效应"大于"虹吸效应"，促进了中心城市和外围城市的发展，但中心城市的受益要大于外围城市，使得地区经济发展趋同减缓。兰秀娟等（2021）研究发现：中心—外围城市经济发展差异总体呈逐渐缩小趋势且存在 σ 收敛、绝对 β 收敛和条件 β 收敛，而中部地区收敛速度最快，西部地区收敛速度最慢。

3.3 城市增长理论

3.3.1 内生增长理论

哈罗德—多马经济增长模型（Harrod，1939；Domar，1946）是主流经济学中的第一个经济增长理论模型。根据哈罗德的分析，影响经济增长的两个主要因素是：决定全社会投资水平的储蓄率和反映生产效率的资本—产出比率（潘士远和史晋川，2002）。1986 年罗默（Romer）在《收益递增和长期增长》中提出，技术进步是经济增长的源泉，认为无限增长的知识资本就有可能产生递增的边际生产率，由此，罗默创建了第一个内生化的增长模型。与技术进步密切联系的另一概念是人力资本积累，卢卡斯（Lucas，1988）首次引入人力资本的积累过程，并将人力资本积累视作经济增长的重要因素。技术进步（或知识外溢）和人力资本积累是推动城市增长的内生力量，对空间结构演变起着决定性作用。以罗默和卢卡斯为开端，自此掀起了内生增长理论的研究热潮，进入一个新的发展阶段。之后，关于创新的描述也是内生增长理论的亮点，最经典的是熊彼特的内生增长理论。该理论指出：技术创新来驱动经济社会结构的创造和破坏，这种打破旧产品的"创造性破坏"创新过程，是经济增长的内生动力，加大产品的研究和开发，使得最终产出更有效率，进而刺激经济规模不断扩大。

我国总体上已进入工业化后期阶段，"破坏"旧有模式，创新最具竞争力的生产组织方式，实现生产要素重配及产业结构的优化（易信，2018），创造更大的创新和发展空间，是当前需要研究和解决的重要问题。为此，国内学者展开了丰富的论证，赖明勇等（2005）通过构建中间产品种类扩张型的内生技术进步模型，对1996～2002年我国30个省区市的经济数据进行研究，结果证明技术外溢与技术吸收能力对经济增长率的影响，其中技术吸收能力关键是人力资本积累和贸易开放度。任晶、杨青山（2008）以31个省会（首府）城市为例，通过产业增长数据的实证分析，认为产业的多样化促进创新思想的产生和知识溢出，进而促进城市增长。彭芳梅（2010）围绕"人力资本积累"和"产业聚集"对城市增长的影响，总结和评述内生城市增长模型。韩峰和阳立高（2020）在集聚经济和熊彼特内生增长理论基础上，构建生产性服务业集聚影响制造业结构升级的多部门空间分析框架，结果显示：生产性服务业专业化集聚通过发挥规模经济效应和技术外溢效应，而多样化集聚仅通过规模经济效应促进了本地区制造业结构升级。纪尧等（2021）基于内生增长DSGE模型对研发创新及全要素生产率的影响进行分析，研究发现：汇率政策无法有效促进研发，也不能有效提升技术进步；政府研发资助比例的提高有助于刺激短期经济增长，但会导致研发的拥挤效应，降低研发效率；专利保护程度的提高能够有效起到研发促进效果；货币政策对技术的影响呈现中性。

3.3.2 外生增长理论

通过外生技术进步和劳动增长来解释经济增长，也被称为外生增长理论（窦祥胜，2002）。对于任何经济体来说，内生增长力量毕竟是有限的，城市增长不仅受到内生力量的影响，还会受到外生的经济环境因素影响，如政策变化、规划引导、交通条件、大型工程建设等。政府部门的行政干预发挥了巨大的作用，将激发经济增长的巨大潜力。例如，城市规划是经济外生增长的重要来源之一，通过"编制一个有条理的行动顺序，使预定目标得以实现"（Hall，1975）。张京祥等（2004）也认为城市规划就是地方政府以增强城市竞争力为目标，强化地方发展利益的一种新城市管治方式。在市场机制下，经济增长离不开政府与市场的共同作用，城市规划与市场机制越紧密，越能合理配置城市土地资源以及经济功能布局。之后，张京祥和殷洁等（2006）从政府企业化的角度，指出地方政府在城市发展中的角色转变，正深刻影响着城市空间结构的演化，并表现出政府强烈主导。周素红和闫小培（2005）以广州为例研究城市空间结构与交通需求的关系，研究发现：两者之间关系密切，其中交通方式的转化对城市形态的演化具有驱动作用。徐瑾和潘俊宇（2019）基于双向固定效应模型的研究表明，交通基础设施对经济增长具有正的影响，一方面通过乘数效应直接影响经济增长，另一方面通过拉动私家车消费和提高人口城镇化率间接影响经济增长。

3.4 产业集群相关理论

产业集群是指在某一特定区域内，具有相互联系的、且在地理上集中的公司和机构集合。产业集群具有专业化的特征，其成员包括专业化供应商、服务供应商、金融机构、相关产业的厂商及其他相关机构等组成的群体。产业集群的重点则在于强调产业内的协同和不同产业之间的相互配合、分工协作（严含和葛伟民，2017）。集群内部各要素之间，通过人际网络关系、价值链关系和竞争合作关系构成了特殊的产业生态系统（魏江和魏勇，2004）。

3.4.1　国外产业集群理论

1. 阿尔弗雷德·马歇尔（Alfred Marshall）：产业区理论

英国经济学家马歇尔（1890）最早关注并系统研究产业集聚现象，在其著作《经济学原理》中阐述了工业集聚的特定地区成为"产业区"，大量相互关联的中小企业在"产业区"内集聚（王燕和郭立宏，2021）。马歇尔把经济规模划分为内部经济规模与外部经济规模两类，"内部经济规模"是指有赖于从事工业的个别企业的资源、组织和经营效率的经济；而"外部经济规模"则是有赖于这类工业产业的一般发达的经济。他认为产业集群是由外部规模经济所致，因为单个企业可能无法获得内部规模经济，但他们可以利用地理接近性，使得这些相互关联的企业能够在产业区内集聚。外部经济包括三种类型：市场规模扩大提高中间投入品的规模效益；劳动力市场供应；信息交换和技术扩散。

2. 产业区位理论

1909 年韦伯在《工业区位论》一书中，首先提出"区位因子"这一概念，韦伯理论的中心思想是，"区位因子"是决定工业空间分布于特定区域的重要因素，将企业吸引到生产费用最小、节约费用最大的地点（李炯光，2002）。他把区位因素分为一般因素与特殊因素；区域性因素、集聚因素与分散因素（吴传清，2007）。韦伯认为产业集聚的形成一般经历两个阶段：第一阶段是企业自身简单的规模扩张，从而引起产业集中化；第二阶段主要靠大企业集中于某一地方，并引发更多同类企业的出现。他探讨并归纳了促使工业在一定地区集中的原因，工业区位的形成主要受运输费用、劳动费用、集聚三个方面因素的影响。

3. 创新产业集聚论

1912 年，熊彼特在《经济发展理论》一书中，提出了"创新理论"。

熊彼特主要是从创新角度来说明产业集聚现象的，创新不是孤立事件，而是在某些部门及其周围环境中聚集，产业集聚有助于创新。熊彼特认为，"创新"是指建立一种新的生产函数，就是把一种从来没有过的关于生产要素和生产条件的"新组合"引入生产体系，包括开发新产品、引用新技术、开辟新市场、控制原材料的新供应来源、实现企业的新组织形式。

4. 胡佛：产业集聚最佳规模论

20 世纪 30 年代，美国区域经济学家埃德加·胡佛在论证了不同产业的区位结构后，将规模经济区分为三个不同的层次。他认为，就任何一种产业来说，其规模经济都有三个层次：单个区位单位（工厂、商店等）规模决定的经济、单个公司（即联合企业体）规模决定的经济，以及该产业在某个区位集聚体的规模决定的经济。这些经济各自得以达到最大值的规模，则可以分别看作是区位单位最佳规模、公司最佳规模和集聚体最佳规模。

5. 迈克尔·波特：竞争优势理论

1990 年迈克尔·波特在《国家竞争优势》一书中首先提出用"产业集群"一词对企业在区域内的集群现象进行分析，提出了"钻石"模型。"钻石"模型是由四个要素组成的：生产要素；需求条件；相关与支持性产业；企业战略、企业结构和竞争对手的表现。由于地理集中，四个基本因素可以整合为一个整体，这样更能相互作用和共同提高。波特认为，一个国家的竞争优势，就是企业、行业的竞争优势，也就是生产力发展水平上的优势。发达经济体之所以经济发达的原因在于其拥有一批有竞争实力的产业集群，这些集群作为"本垒"培育了其优势企业和优势产业。此后，1998 年波特发表了《集群与新竞争经济学》一文，系统地提出了新竞争经济学的产业集群理论，解释了产业集群的含义，他认为"集群包括一连串的上、中、下游产业以及其他企业或机构。集群通常会延伸到顾客、互补性产品的制造商及和本产业有关的技能、科技等方面的公司上，甚至还包括政府、大学、研究机构、训练中心等"（陈柳钦，2007）。

3.4.2 国内产业集群理论

国内对产业集群的研究始于20世纪90年代末期，仇保兴（1999）、盖文启（1999）、徐维祥（2001）、梁小萌（2001）等分别从不同角度对产业集聚现象进行了探讨。之后，魏江等（2004）提出了集群学习机制的三层次分析框架，对我国产业集群内部的学习机制从人员流动、技术知识溢出、管理信息溢出、设备转移四个方面作了深入分析，为产业集群建立和完善集群学习机制提供了思路。阮建青等（2015）通过濮院羊毛衫产业集群、温州灯具产业集群分析案例，总结出一个产业集群演化规律模型，即产业集群一般会经历数量扩张期、质量提升期，以及研发与品牌创新期三个时期。从数量扩张期演进到质量提升期的主要动因是内生质量危机，从质量提升期演进到研发与品牌创新期的动因是外在比较优势的变化。高虹和袁志刚（2021）使用第一次经济普查和1998～2012年全部国有及规模以上工业企业数据，从规模和效率两个角度评估了制造业产业集群对企业和产业表现的影响。研究发现，集群发展可通过弱化企业融资约束降低企业的投资和生产门槛，更多中小企业得以进入生产，显著促进了制造业企业和产业规模的扩张。史欢和李洪波（2022）结果表明：中国高新技术产业集聚过程中产业内知识溢出效应更大，西部地区高新技术产业集群 jac 外部性[①]对于区域经济增长更具有显著的正向作用。

此外，不少研究强调了技术创新在产业集群升级中的作用，"产业链"和"创新链"在特定区域上的协同性融合（胡汉辉等，2022），成为推动产业集群高质量发展的重要途径。梅丽霞等（2005）认为产业集群的升级作用包含技术能力、创新能力、外向关联、社会资本和创新系

---

① 雅格布斯外部性 Jacobs 外部性（jac 外部性）。

统五个方面的升级。黄志启（2013）对高科技产业集群中知识溢出、知识流失、企业研发及知识获取等要素进行动态的模型分析与实证分析。叶海景（2021）指出，龙头企业的科技创新通过知识溢出和治理效应影响整个产业集群的创新绩效。沙德春（2021）建议从调节资源配置比例、构建资源共享机制、优化创新服务模式等方面采取措施，提高我国创新型产业集群的创新效率。汤治成（2022）提出整合创新的高科技产业集群的科技发展策略，论述产业集群的知识溢出。

随着信息技术的不断发展，"互联网＋"成为促进产业集群升级的新范式，推动区域创新发展的重要载体。借助互联网技术可以提高产业集群构成要素的性能、优化集群内部结构及其与外部环境的互动关系（柳洲，2015）。罗福周和邢孟林（2017）从产业链、创新网络和价值创造系统三个层面对互联网＋资源型产业集群的特征与实现路径进行了分析，提出产业链的多链结网化、创新网络的泛在协同化和价值创造系统的弹性专精化是其主要特征，并阐述了每一特征的具体实现路径。左文明和丘心心（2022）结合生态系统理论，探讨各要素之间的组织方式及作用路径，构建平台核心—链式关联—生态网络三层结构的工业互联网产业集群生态系统模型。谭洪波和夏杰长（2022）研究发现，线上集聚在集聚效应、集聚机制方面与传统地理集聚既一脉相承又创新发展，并在集聚模式上重塑传统地理集聚。

3.5 产业结构演化理论

3.5.1　产业结构升级理论

早在17世纪末威廉·配第在其著作《政治算术》中提到，工业将比农业占有更重要的位置，而商业又将比工业占有更重要的位置。之后，克拉克继承威廉·配第的思想，在《经济进步的条件》一书中对三次产业的劳动投入产出数据资料进行了整理和归纳，提出了"配第—克拉克定理"：随着经济的发展，劳动力会在三次产业之间转移，其转移路径为首先从第一产业流向第二产业，然后再从第二产业流向第三产业。克拉克认为，农业生产率的提高及对农产品相对需求的下降是引起第一产业劳动力向外转移的主要原因（于刃刚，1996）。

1931 年德国经济学家霍夫曼在《工业化的阶段和类型》一书中提出霍夫曼定理。霍夫曼定理认为，在工业化进程中，霍夫曼比例（消费资料工业的净产值和资本资料工业的净产值之比）是不断下降的。霍夫曼依据该比例变化，把工业化划分为四个发展阶段。在工业化的第一阶段，消费品工业在整个制造业中居于压倒性优势的地位；在工业化的第二阶段，消费品工业的主导地位趋于削弱，但资本品的增长速度不断加快，但消费品的生产规模依然比资本品的规模大；进入工业化的第三阶段，两类工业的净产值处于平衡状态；到了第四阶段，资本品工业生产规模超过消费品规模。

此后，美国经济学家库兹涅茨在继承克拉克和霍夫曼研究成果的基础上，从国民收入和劳动力就业在不同产业间的分布两方面，对产业结构和就业结构的变化进行了分析研究，并得出如下结论。第一，随着经济的发展，农业部门实现的国民收入在整个国民收入中的比重与农业部门劳动力在全部劳动力中的比重一样，处于不断下降的过程中。第二，工业部门实现的国民收入的相对比重总的来看是上升的。然而，工业部门劳动力在全部劳动力中的比重则大体不变或是略有上升。第三，服务部门的劳动力相对比重，差不多在所有的国家里都是上升的。但是，国民收入的相对比重未必和劳动力的比重同步上升。综合起来看，各比重呈大体不变或是略有上升趋势。

钱纳里根据人均收入水平、三次产业结构、就业结构、城市化水平等标准，将经济发展阶段划分为前工业化、工业化实现和后工业化三个阶段，其中工业化实现阶段又分为初期、中期、后期三个时期（冯飞等，2012）。钱纳里认为在工业化初级阶段，纺织、食品等轻工业对经济发展起主要作用。进入工业化中、后期阶段，重化工业品的发展又可分为以原材料工业为重点和以加工型工业为重点的两个不同阶段，资本密集度、技术集约度都明显提高（彭宜钟，2010）。随着工业化的不断推进，第一产业的产值和就业比重会显著下降，第二、第三产业的比重均有所提高。

产业结构的演化与经济增长密切相关，是产业结构研究中的重要内容。我国正处于产业结构转型升级的关键时期，对此，国内学者们进行了深入探讨和研究，朱应皋等（2002）以江苏为例，运用霍夫曼定理、钱纳里多国模型及"配第—克拉克"定理等理论，多角度地对其工业化发展水平进行了探讨。李燚等（2017）结合"配第—克拉克"定理和库兹涅茨法则对江苏省产业结构的现状及优化策略进行了探讨分析。王然（2018）根据"配第—克拉克"定理，提出以"高端服务业产值占 GDP 的比重"作为度量产业结构现代化水平的指标，并对其进行了实证检验。在此基础上，计算并比较分析我国包括各直辖市、省会城市及部分重要的非省会城市在内的 16 个主要城市的产业结构现代化水平，并运用系统聚类分析法对其进行分类。张培丽（2019）从库兹涅茨和钱纳里等关于不同经济发展阶段各国产业结构演进的历史经验，以及跨越和陷入"中等收入陷阱"典型国家产业结构演进的正反两方面规律，总结了发展中国家产业结构演进的阶段标准，即工业化末期工业占比和服务业占比分别约为 40% 和 50%。张锐和曹芳萍（2020）通过对西北地区各省份农业产业结构演变过程进行分析，对各省份的农业优势部门做出选择，并尝试对西北各省份农、林、牧、渔和服务业之间如何协同发展给出一定参考意见。宋平凡等（2021）在钱纳里标准产业结构模型基础上，从新结构经济学角度出发，探讨了中国 OFDI 对"一带一路"沿线国家产业结构升级的影响，以及"硬性"或"软性"基础设置对两者关系的调节作用。

3.5.2　区域梯度转移理论

区际产业转移表现为在空间上移动的现象，是由于资源供给或产品需求条件发生变化后，某些产业从一个区域（国家或地区）转移到另一个区域（国家或地区）的经济行为和过程（马子红，2008）。

区域梯度转移理论是在弗农提出的生命周期理论基础上发展而来的，他认为工业部门及产品都会经历生命周期的创新、发展、成熟、衰退四个阶段。后经过威尔斯和赫希哲的验证和发展，引入该理论并做出相应修改，提出区域经济发展的梯度转移理论。区域梯度转移理论认为，梯度转移需要两个条件：一是客观上已形成一种经济技术梯度；二是存在产业与技术由高梯度地区向低梯度地区扩散与转移的趋势（陈赤平，2006）。高梯度地区之所以"高"，是在于它的产业结构、技术结构的高度化，而且处在不断更新过程的创新和发展期，其核心是不断保持一种创新活力，这意味着该地区发展潜力大。反之，如果地区的产业结构、技术结构低度化，缺乏结构提升的活力，该地区就属于低梯度地区（廖才茂，2002）。创新活动是区域发展梯度层次的决定性因素，大多发生在高梯度地区，这才是决定梯度转移的动力源。

1932 年，日本经济学者赤松要提出"雁阵模式"理论，赤松要将产业发展的路径总结为"进口、生产、出口"三个阶段，这三阶段用曲线绘成图形，酷似雁阵飞翔。实践中的"雁阵模式"具有三个特点：空间上的转移承接，时间上的先后承接，产业链和生产技术的动态位移（李绍荣和李雯轩，2018）。20 世纪 70 年代，小岛清将"雁行模式"理论与产品生命周期理论综合起来，提出"边际产业扩张理论"，将雁行模式提升到新的理论高度。该理论指出"对外直接投资应该从本国已经处于或趋于比较劣势的产业（称为边际产业，这也是对方国家具有显在或潜在比较优势的产业）开始，并依次进行。"①

在 20 世纪 80 年代初期，邓宁提出了国际投资发展周期理论，从动态角度解释国际产业转移，他把一国的经济发展水平与国际直接投资联系起来。邓宁认为，对外直接投资必须同时具备企业所有权优势、区位优

---

① 产业转移的理论综述怎么写［EB/OL］. 云科网，2023 – 05 – 08.

势、内部化优势。

国内相关研究主要集中在产业转移对区域经济差距的影响，我国地区经济发展不平衡，产业转移使资源和要素在空间上重新配置，是解决我国区域经济不平衡的重要途径（李春梅和李亚兵，2015），随着东部沿海地区经济发展水平的不断提高，区域产业转移的梯度特征已经具备（龚晓菊和刘祥东，2012）。戴宏伟（2003）认为国家、地区间经济发展水平、技术水平和生产要素禀赋的不同，形成了产业结构发展阶段上的相对差异，这种差异具体表现为发达与次发达、不发达国家或地区间在产业结构层次上形成了明显的阶梯状差异，并按高低不同呈阶梯状排列。孙早等（2021）将工业智能化纳入新经济地理学经典分析框架，研究发现：工业智能化一方面改变了区域间产业单向梯度转移模式，南部沿海地区已出现工业产业回流现象，劳动力成本不再是产业转移的决定性因素。另一方面工业智能化改变了地区产业结构梯度升级模式，沿海地区的高技术含量和常规性任务密集行业开始呈规模扩张之势，部分中等技术制造业发展成熟后不再按照"雁阵模式"向内陆地区转移。李春梅（2021）使用1992～2018年27个两位数工业细分行业数据对我国工业区际转移进行测度分析，采用泰尔指数对我国区域经济差距进行测度分析，并构建面板数据计量模型对工业区际转移是否缩小区域经济差距进行验证。林柯等（2022）研究发现：产业转移总体推动了承接地经济高质量发展。按区域位置划分，中部地区承接产业转移对经济高质量发展的推动作用更加显著。按城市规模划分，大城市和小城市承接产业转移能够更加有效地促进经济高质量发展。司深深等（2022）研究表明，产业转移和贸易开放均能有效促进我国经济高质量发展，无论是从整体还是分区域，抑或是从分行业来考察，贸易开放对经济高质量发展均呈现显著的促进作用，而产业转移对经济高质量发展的影响不仅存在着区域差异，而且不同产业类型的产业转移效应也有所差别，呈现一定的产业异质性。

第**4**章

浙江城镇化发展概况

　　浙江位于中国东南沿海，地处长江三角洲。浙江的总面积仅排在全国第 25 位，但其 GDP 在全国排名第四，成为中国最发达的地区之一。现阶段，浙江更加注重推进以人为核心的新型城镇化。在以人为核心的基础上，积极稳妥推进人的城镇化，注重公平和共享，缩小城乡发展差距，实现共同富裕。正如习近平总书记在《扎实推动共同富裕》中所说："我们说的共同富裕是全体人民共同富裕，是人民群众物质生活和精神生活都富裕，不是少数人的富裕，也不是整齐划一的平均主义。"[1]在"十四五"规划中，浙江被赋予了高质量发展建设共同富裕示范区的重任，这是对浙江城镇化工作的认可。根据城乡一体化住户调查，2022 年全体及城乡居民人均可支配收入分别为 60302 元、71268 元和37565 元，分别比上年增长 4.8%、4.1% 和 6.6%；扣除价格因素实际分别增长 2.5%、1.9% 和 4.3%。城乡收入比 1.90，比上年缩小 0.04[2]。不难发现，浙江省城乡差距和收入差距正在逐步缩小，居民生活水平在不断提高，城镇化作为扩大内需和经济发展的最大潜力所在，释放出了持续的动力和活力，为浙江建设共同富裕示范区奠定了夯实基石。浙江作为城镇化的先行者，无论是在国家战略还是地方政府的配套政策方面，都为高质量的城镇化提供了良好的外部环境和动力支持。浙江在新型城镇化方面的探索不仅起到引领和示范作用，还为中国城镇化发展提

---

　　① 习近平. 扎实推动共同富裕 [J]. 求是，2021 (20)：4 - 8.
　　② 资料来源：浙江省统计局网站。

供了可以借鉴的经验。

 浙江城镇化发展的动力因素

4.1.1　产业发展的内驱力

产业集群是城镇化发展的基础和强大动力，城镇化是产业集群的重要依托，两者相辅相成有利于提升技术创新效率，为浙江经济增长提供充足的动力。浙江省人民政府印发的《浙江省实施制造业产业基础再造和产业链提升工程行动方案（2020—2025 年)》中指出，浙江将重点打造炼化一体化与新材料、节能与新能源汽车、现代纺织 3 个万亿级产业链，智能装备、智能家居 2 个五千亿级产业链，数字安防、集成电路、网络通信、智能计算和生物医药 5 个千亿级产业链，加快形成绿色石化、数字安防、汽车、现代纺织 4 个世界级先进制造业集群。浙江一直把发展经济着力点放在实体经济上，营造良好的城市创新生态环境，推进产业基础高级化、产业链现代化，走新型工业化道路。

制造业是浙江实体经济的主体，通过发展"块状经济"和"产业集群"，产业集聚区充分发挥区域优势，先进制造业基地建设取得重大进展，成为区域经济发展的重要增长极。2022 年，以新产业、新业态、新模式为主要特征的"三新"经济增加值占 GDP 的 28.1%。数字经济核心产业增加值 8977 亿元，比上年增长 6.3%。数字经济核心产业制造业增加值增长 10.7%，增速比规模以上工业高 6.5 个百分点，拉动规模以上工业增加值增长 1.7 个百分点。①

2021 年，工业和信息化部发布《先进制造业集群决赛优胜者名单公示》，对 25 个先进制造业集群决赛优胜者进行公示，杭州数字安防集群、

---

①　资料来源：浙江省统计局网站。

宁波磁性材料集群、乐清电气产业集群成功入围。其中，乐清智能电气产业集群是国内低压电气产业领域规模最大、实力最强、配套最全、开放度最高的先进制造业集群。乐清电气产业集群是全国唯一以县域为主导的入选产业集群，2021 年，实现规上电气产业工业总产值 979.45 亿元，同比增长 13.3%，工业增加值 198.88 亿元，同比增长 3.7%；集群内共拥有规上企业 885 家，超 100 亿元企业 1 家，超 50 亿元企业 2 家，超亿元电气企业 171 家。[①] 2021 年，全省数字安防产业营业收入达 2775.1 亿元，比上年增长 20.1%。截至 2021 年，浙江共培育规模以上安防企业 1562 家，其中上市企业 210 家，涌现出海康威视、大华技术、宇视科技、虹软科技、大立科技等一大批具有较强引领带动作用的龙头企业和高成长性企业。[②]

总之，浙江城镇化的发展离不开以制造业为先导的工业化发展，以特色产业集群为基础，通过基础设施的共建共享、生产要素集中、产业分工协作，加强了区域间城市之间的联系，为浙江经济增长提供充足的劳动力资源，推进产业结构的升级优化以及城市群的形成和发展。

4.1.2 区域制度的改革和创新

区域制度的改革和创新加速了城镇化的发展。首先是户籍制度的改革。2014 年湖州德清县、嘉兴全市、温州平阳县作为浙江省的户籍管理改革试点，已全面实行新型户籍管理制度，取消了农业、非农业户口性质差别，统一登记为"浙江居民户口"，让农民享受同城待遇。2017 年全省已全面取消农业户口与非农业户口性质区分，城乡居民待遇差别进一步缩小，逐步实现城乡一体化发展。例如，根据《2022 年浙江省国民经济和社会发展统计公报》，在推进城乡公共服务均等化方面，农村一、二

---

① 乐清市经济和信息化局 2021 年工作总结和 2022 年工作思路 [EB/OL]. 市经信局，2022 - 01 - 30.

② 夏丹，苏会会. 数字安防产业链专场对接活动举行 [N]. 浙江日报，2022 - 07 - 08.

级幼儿园在园幼儿占比74.2%，城乡义务教育共同体覆盖所有农村学校，组建县域医共体162家，建成规范化村级医疗机构1249家，农民农村共富得到了有效提升①。

深化"亩均论英雄"改革。在城镇化进程中，面对土地、能源、环境等资源的日益紧缺，2018年浙江省政府印发《关于深化"亩均论英雄"改革的指导意见》，通过企业亩均效益综合评价和资源要素的优化配置，推动资源要素向优势区域、优势产业、优势企业集中。之后又印发了《关于深化制造业企业资源要素优化配置改革的若干意见》，公布资源要素优化配置政策，主要包括完善制造业企业差别化城镇土地使用税机制、差别化用地机制、差别化用能机制、差别化排污机制、差别化创新要素机制、差别化金融机制和建立长效财政激励约束机制7个方面内容。"亩均论英雄"改革有利于促进企业转型升级，是推进制造业高质量发展的有力举措。

"最多跑一次""最多跑一地"改革。新型城镇化需要完善政府职能的定位与转变，重建城乡基层治理体系，让人民群体真切感受到"以人为核心"的新型城镇化带来的成果与福利。"最多跑一次"以人民为中心的发展思想，按照群众和企业到政府办事"最多跑一次"的理念和目标，深化"四张清单一张网"改革，从与群众和企业生产生活关系最紧密的领域和事项做起，充分运用"互联网+政务服务"和大数据，全面推进政府自身改革，倒逼各地各部门简政放权、放管结合、优化服务，促进体制机制创新，使群众和企业对改革的获得感明显增强、政府办事效率明显提升、发展环境进一步改善，不断增强经济社会发展活力。继"最多跑一次"改革后，浙江自2019年起积极推进社会治理领域"最多跑一地"改革。"最多跑一地"是以县（区、市）为重点加快建设完善社会矛盾纠纷调处化解中心，发动多方社会力量参与，切实为百姓解决困难，有效提升政府公信力，是推进市域治理体系

---

① 2022年浙江省国民经济和社会发展统计公报［EB/OL］. 浙江省统计局，2023 – 03 – 16.

和治理能力现代化的重要探索。

4.1.3　民营经济是浙江城镇化发展的推动力

浙江是中国民营经济最发达的省份之一，各类市场主体发展活跃。2021 年末，全省民营企业、个体工商户分别为 290.4 万户、549.2 万户，比 2012 年分别增长 2.76 倍和 1.23 倍。根据常住人口推算，2021 年浙江"民营老板率"达到每 7.8 人中一个，大于 2012 年的每 17.6 人中一个。① 2022 年 9 月，全国工商联发布 2022 年中国民营企业 500 强榜单。浙江共有 107 家企业入围，入选数量连续 24 年居全国首位②。民营经济作为独立的市场主体，在生产要素的流动和分配上具有自主性和积极性，保证了城镇化发展的经济基础。随着城镇化水平的提高，小城镇在地理位置、交通条件等方面体现出来的优势，为民营经济提供了良好的投资经营环境，促进了民营企业的转型升级。

纵观浙江城镇化发展历史，不得不提"温州模式"，浙江温州是民营经济的发祥地，也是在浙江城镇化进程的一个缩影。所谓"温州模式"，就是"以家族式经营为基本形式、以市场导向为主、以小城镇为依托的自发秩序模式"，并能发挥辐射带动作用，提升周边地区的城镇化水平，实现城乡经济的良性循环及区域经济的平衡发展（史晋川和朱康对，2002），其显著特点是民营经济的市场化。

许高峰等（2010）认为温州模式经历了三个阶段：一是民营企业的起步时期，家庭企业是该阶段最普遍的组织形式；二是 20 世纪 80 年代中期的"股份合作制"阶段，家庭手工业、个体私营企业开始走向联合；三是以现代企业制度为标志的阶段，一批企业集团、有限责任公司和股份有限公司纷纷创立。在这一过程中，民营经济发挥着重要作

---

① 2021 年浙江省国民经济和社会发展统计公报 [EB/OL]. 浙江省统计局，2022 - 02 - 24.

② 方臻子. 连续 24 年！浙江蝉联中国民营企业 500 强"榜一" [N]. 浙江日报，2022 - 09 - 08.

用，通过市场机制与民间力量推动城镇化的发展，其显著特点是民营经济的市场化。

此外，浙江社会资本参与城镇建设的积极性很高，早在 2014 年，浙江就有 70 个示范项目向民资开放，涵盖城镇市政设施、新能源、医疗等领域，是撬动民间投资的"试金石"。以公共教育为例，浙江省为了鼓励社会力量和民间资本进入教育领域，解决新型城镇化发展过程中公共教育服务均等化所需的资金，于 2017 年颁布《浙江省人民政府关于鼓励社会力量兴办教育促进民办教育健康发展的实施意见》，随后浙江省教育厅、财政厅等相继出台了 7 个重磅文件用于支持民办教育发展，构建浙江民办教育"1 + 7"政策体系。在此背景下，浙江采取政府和社会资本合作（PPP）模式，开启了高职院校与民营企业的联合办学模式。民营经济高质量发展离不开人才，职业院校作为培养应用型、技能型人才的主要阵地，为民营企业源源不断地注入新鲜活力。同时，职业教育的发展壮大也离不开企业的参与，实现职业教育与民营经济的融合发展，有利于民营经济高质量发展及高新技术产业的创新。在教育部支持下，浙江台州与温州获批"国家职业教育高地建设试点"，依托两地区域产业和民营企业优势，树立了许多产教融合的先进典型，如"政府 + 企业"的浙江汽车职业技术学院模式①。浙江汽车职业技术学院，是由临海市人民政府和吉利控股集团联合办学，其中汽车检测与维修技术为浙江高校"十三五"优势专业建设项目。"企业 + 二级学院"的台州职业技术学院模式。台州职业技术学院参照"混合所有制"建设模式与珠海市欧亚汽车技术有限公司、浙江台州金桥集团有限公司先后签约成立混合所有制笛威金桥汽车工程学院和台州笛威金桥汽车科技有限公司②。

---

① 林鉴兵，刘晓. 台州：以"混改"激发职校办学活力［N］. 中国教育报，2022 – 04 – 19.

② 资料来源：台州职业技术学院网站。

4.1.4 构建亲清政商关系是提升城镇化发展的重要手段

党的十九大报告中强调构建亲清新型政商关系，促进非公有制经济健康发展和非公有制经济人士健康成长。"亲"，常用来形容感情深厚、关系密切之人或事；"清"，则一般是指纯净透明，没有混杂之物。随着市场经济体制的不断完善，构建"亲清"的政商关系，推动优化营商环境已深入人心。

良好的营商环境对民营经济健康发展、区域经济发展具有重要的推动作用。浙江的营商环境一直走在全国前列，认真落实国务院公布的《优化营商环境条例》和《关于营造更好发展环境支持民营企业改革发展的意见》，于2020年1月出台《浙江省民营企业发展促进条例》，这是全国第一部促进民营企业发展的省级地方性法规，保障了民营企业与其他所有制企业依法平等使用资源要素，为发展民营经济保驾护航。2022年浙江再发力，印发了《浙江省营商环境优化提升行动方案》，明确了4个方面、19个领域、78项具体改革举措。例如，进一步优化市场准入准营机制、提升营商办事便利化水平、畅通市场主体退出渠道、强化服务与监管效能等。在具体改革举措上，涵盖了商事登记制度改革、降低市场准入门槛、纳税服务、市场主体清算退出、公平市场竞争等。

在政府大力推进和政策扶持下，浙江省对规范政商关系，打造良好营商环境进行了一系列探索实践，并取得一定成效。浙江以"最多跑一次"改革为切入点，推广掌上办事"浙里办"，通过互联网信息技术，实现"数据多跑路，群众少跑腿"。"浙里办"App也已推出公共支付、生育登记、诊疗挂号、社保证明打印、公积金提取、交通违法处理等17个类别、300余项便民应用，提供省级掌上办事168项、市级平均452项、县级平均371项。① 其中"浙里营商"是数字政府系统12个综合重大应

---

① 浙江政务服务网."浙里办"APP升级上线政务服务智能又贴心［EB/OL］.浙江日报，2019－03－01.

用之一，在营商服务专区，围绕"我要办事""我要服务""我要政策""我要咨询""我要投诉"五个"我要"服务功能，提供一站式、集成化、全生命周期涉企线上服务与监管。所有民生事项和企业事项全部开通网上办理，政务服务的数字化转型，给百姓带来越来越多的便利，企业营商环境也不断优化。此外，浙江温州是全国首个新时代"两个健康"（非公有制经济健康发展和非公有制经济人士健康成长）先行区，推行亲清新型政商关系"三张清单"，即政商交往"正面清单"、政商交往"负面清单"和清廉民企建设"引导清单"，开展反对"挈篮子"承诺，着力规范政商交往行为，打造一流的营商环境。"亲清在线"是杭州亲清新型政商关系数字平台，政企之间通过政商"直通车式"的在线服务，将切实发挥政商协同优势，实现诉求在线直达、政策在线兑付、服务在线落地、绩效在线评价、"许可"在线实现五大功能。

4.2 浙江新型城镇化发展路径创新

4.2.1 小城市培育试点

浙江小城市培育试点作为全国首创，是推进新型城镇化的重要突破口，有利于促进产业集聚及统筹城乡资源配置（俞云峰和唐勇，2016）。2010 年 12 月，浙江开展小城市培育试点，选取 27 个镇作为培育试点，在经济社会管理权限、建设专项资金、财力分配倾斜、建设用地、信贷、人才等方面可获得一系列支持，引导和推动了中心镇更加科学的发展。2020 年浙江第四批小城市培育试点名单公布，在镇域小城市的基础上，进一步扩大试点效应，新设村域小城市培育试点，村级试点将在符合条件的历史名村、经济强村中择优产生。具体要求：特色优势强，距县城10 千米以上，特色产业、历史文化、旅游开发、生态文明等若干方面在全国具有重要影响力；基础条件好，具有一定的集中建成区，基础配套设施和公共服务功能较为完备，人口集聚水平较高，村域常住人口 3 万人左右且近 3 年为净流入，综合发展实力超过一般中心镇。东阳市南马镇花园村成为浙江省首个"村域小城市"培育试点，标志着浙江省小城市培育开始由中心镇向经济强村扩容。花园村经济发达、村民富裕，形成了生物与医药、新能源与新材料、军民融合与新动能、红木家具与木制品、新建材与建筑、文化旅游与教育卫生等产业。2020 年底，花园村入选第四批省级小城市培育试点，成为全省首个"村域小城市"培育村。2021 年，花园村实现营业收入 642 亿元，拥有个私工商户达 3190 家，村民人均年收入达 15.6 万元①。

经过多年的发展，试点镇在产业集聚、基础设施建设、公共服务保障、产镇融合等方面取得卓越成效，并且具备较好的人口基础和产业基础，呈现出城市规模进一步扩大、经济发展实力进一步增强的新局面，实现从"地的城镇化"到"人的城镇化"的转变。以龙港为例，其作为首批 27 个小城市培育试点镇之一，2019 年 9 月 25 日龙港撤镇设市，实现了从中国第一座"农民城"到全国首个"镇改市"的历史性跨越，新设的龙港市由浙江省直辖，温州市代管。作为全国首个"镇改市"，龙港按照"大部制、扁平化、低成本、高效率"的改革要求，"扁平化"是指成为县级市后的龙港市不设乡镇、街道，由市政府直管 102 个社区。② 龙港自撤镇设市以来，经济新动能持续发力，从龙港公布 2022 年经济成绩单，全年实现地区生产总值（GDP）比上年增长 6.2%，增速位居温州第二位、全省第四位。从 40 项主要经济指标看，高于温州平均水平的有 33 项，居温州前三位的有 21 项，居温州首位的共 10 项。③

浙江省新型城镇化发展"十四五"规划指出"县城的功能作用日益突显，成为就地就近城镇化的重要载体。以县城为载体推进城镇化建设

---

① 王世琪，郑亚丽，傅颖杰，王江红，李磊. 面对新环境新形势，不断探索和优化发展路径——花园村的"新烦恼"[N]. 浙江日报，2022-10-06.

② 吴金群，陈思瑾."区（市）直管社区"为何大都回潮？——兼论龙港市扁平化改革的经验[J]. 福建师范大学学报（哲学社会科学版），2023（2）：70-81.

③ 陈圆圆，王木记. 从经济成绩单看龙港产业发展韧性[N]. 温州日报，2023-02-20.

是国家今后一个时期的重要政策导向"。① 就地城镇化是指农村经济有了一定的发展后，农村人口不向大中城市迁移，而是以自己所在的中小城镇为依托，通过发展生产和增加收入，农民的生产方式、生活方式逐步与城市接轨，完成由农民向市民的转变（杨世松，2008）。"就近城镇化"是指原农村人口不是远距离迁徙，而是近距离迁移到家乡附近的市镇，主要界定为以地级市和县级城镇为核心的城镇化，"就近"主要是相对于跨省和跨地级市的长距离流动而言（李强等，2015）。浙江省小城市培育把有条件的中心镇或"特大村"发展成为现代小城市，这些试点镇的经济实力强、发展基础良好，为就地就近城镇化提供了直接动力，这种"点面结合""以城带乡"的方式，不仅促进人口在区域间的合理流动，避免了城市病、农村空心化等一系列社会矛盾，也有利于产业结构优化与劳动力空间分布的有效契合，进而增强城市的公共服务能力和人口承载能力，实现人的城镇化。

4.2.2 "千村示范、万村整治"工程

2003 年浙江省开始实施"千村示范、万村整治"工程及美丽乡村建设行动计划以来，打造了"美丽中国"的浙江样本。2018 年浙江省"千村示范、万村整治"工程被联合国授予"地球卫士奖"中的"激励与行动奖"。2019 年《中央农办、农业农村部、国家发展改革委关于深入学习浙江"千村示范、万村整治"工程经验扎实推进农村人居环境整治工作的报告》指出：浙江农村生活垃圾集中处理建制村全覆盖，卫生厕所覆盖率达98.6%，规划保留村生活污水治理覆盖率达100%，畜禽粪污综合利用、无害化处理率达97%，村庄净化、绿化、亮化、美化，造就了万千生态宜居美丽乡村，为全国农村人居环境整治树立了标杆。"千万工程"被当地农民群众誉为"继实行家庭联产承包责任制后，党和政府为

---

① 省发展改革委省建设厅关于印发《浙江省新型城镇化发展"十四五"规划》的通知[EB/OL]. 浙江省发展改革委，2021-05-31.

农民办的最受欢迎、最为受益的一件实事"。① 目前，浙江乡村面貌焕然一新，农村生产、生活、生态的"三生"环境得到明显改善，促进农民增收，城乡差别逐步缩小，实现了乡村振兴和新型城镇化的协同推进。

生态宜居、整洁秀美是美丽乡村建设的前提。浙江省治理村庄脏乱差问题，从农村生活垃圾分类处理、生活污水治理、公厕服务提升、农业面源污染防治、规范村庄撤并等方面实施环境秀美行动。根据《2021年浙江省国民经济和社会发展统计公报》数据，浙江基本实现农村无害化卫生厕所全覆盖，生活垃圾分类处理行政村覆盖率达96%，完成农村生活污水处理设施标准化运维1.9万个。如萧山垃圾分类工作开展成效显著，"以垃圾末端处置能力完善倒逼前端分类水平提升，布点建设9大资源化处置项目，建立起涵盖了其他垃圾、易腐垃圾、可回收物（大件垃圾）、拆除和装修垃圾等各方面的生活垃圾规范化处置体系，实现无害化处置率100%"。②

农业现代化发展助力美丽乡村。2021年，浙江省建成高品质现代农业园区和粮食生产功能区，省级现代农业园区79个、建成验收特色农业强镇109个，严格保护好810万亩粮食生产功能区。加强农业生产新品种、新技术推广应用，遴选了农业主导品种122个、主推技术113项，良种覆盖率98%、比全国平均高3个百分点。③ 浙江高度重视技术创新，浙江省农业科学院与宁波大学共建的省部共建农产品质量安全危害因子与风险防控国家重点实验室，是我国农产品质量安全领域第一家国家重点实验室。浙江省农业农村厅牵头，与浙江省农科院、浙江大学等9所科研院所成立了"三农九方"科技联盟，旨在攻关农民生产中遇到的实用性、细节性的技术配套问题。实施攻关项目中耕除草机、数字农业工厂

---

① 中共中央办公厅 国务院办公厅转发《中央农办、农业农村部、国家发展改革委关于深入学习浙江"千村示范、万村整治"工程经验扎实推进农村人居环境整治工作的报告》［EB/OL］. 中国政府网, 2019 – 03 – 06.

② 金婷婷. 杭州萧山垃圾分类工作争先创优亮点多［N］. 杭州日报, 2022 – 02 – 22.

③ 2021年浙江省国民经济和社会发展统计公报［EB/OL］. 浙江省统计局, 2022 – 02 – 24.

关键技术及产业化应用、农业刺吸类害虫新型物理防控装备、优质豆类蔬菜高产高效关键配套技术研究等农业项目入选2022年度"尖兵""领雁"研发攻关计划立项项目。

高效生态农业引领美丽乡村建设。浙江推进"肥药两制"改革，减少农业面源污染。2020年浙江政府办公厅出台《关于推行化肥农药实名制购买定额制施用的实施意见》，明确到2022年，全省"肥药两制"改革实现县域全覆盖，高质量实现农业增产保供、农产品优质安全、农民增收等目标。"肥药两制"改革是化肥、农药等农业投入品实名制购买，以及定额制施用，以提高农产品品质和质量安全水平。象山县作为省"肥药两制"改革综合试点县，采取源头把控农资购买、技术调控肥药减量、末端监控回收利用等有效措施。截至2022年2月，全县创建示范农资店25个，培育规模示范主体165家，肥药实名购买活跃指数达100%。全年发布肥药定额施用标准5个，创建肥药定额施用示范区1800亩，不合理施用化肥减量130吨、农药减量20吨。[①]

在美丽乡村建设工作推进中，产业振兴是基础。浙江省十分注重环境整治和产业富民的有机结合，外桐坞村被省"千村示范、万村整治"工作协调小组办公室认定为2021年度浙江省美丽乡村特色精品村。外桐坞村位于杭州市西湖区转塘街道，置于素有"万担茶乡"之称的龙坞茶叶基地中，是西湖龙井茶的主要产地。村内清静怡然、碧绿如染、茶香四溢，家家户户种茶炒茶。外桐坞村大力发展茶产业的同时，依托毗邻中国美院的地理优势，以艺术赋能引领村庄发展，在外桐坞已有一大批名家入驻，开设了油画、国画、雕塑、陶瓷、摄影等艺术工作室，完美诠释了"飘着茶香的艺术村落"。外桐坞村还深入挖掘红色资源、弘扬红色文化，在村中建成了朱德纪念室、元帅广场、元帅亭、元帅茶园等红色景观。如今，外桐坞村逐渐形成了集文化、艺术、产业于一体的特色经济发展模式。

---

① 夏超明，李婷. 象山县入列省"肥药两制"改革综合试点县［N］. 今日象山，2022－02－18.

4.2.3 推进"未来社区"建设，赋能智慧化产业升级

"未来社区"建设不仅仅是造漂亮房子，更是科技赋能社区建设，满足了人民群众对美好生活的向往，是实现新型城镇化的关键。2019 年 3 月，浙江省政府印发了《浙江省未来社区建设试点工作方案》（以下简称《方案》），根据《方案》，未来社区建设试点将聚焦人本化、生态化、数字化三维价值坐标，以和睦共治、绿色集约、智慧共享为内涵特征，突出高品质生活主轴，构建以未来邻里、教育、健康、创业、建筑、交通、低碳、服务和治理 9 大场景创新为重点的集成系统。同年 6 月，公布了宁波鄞州划船社区、杭州江干采荷荷花塘社区、绍兴上虞鸿雁社区等 24 家未来社区试点创建项目建议名单，标志着未来社区建设试点工作全面启动。

1. 数字赋能提升基层公共服务水平

未来社区建设要坚持以人为本，要以居民的需求为导向，提供医疗卫生、公安警务、政策咨询、宅基地审批、外来人口登记等"一站式"公共服务办理，并配套建设图书阅览室、老年活动中心、健身室、便民超市等生活娱乐设施。同时，服务规范化，解决窗口单位"办事难"问题。首问负责人（即第一个接受社区群众询问的工作人员）对于职责范围内业务，要按照办事程序及时提供服务；对于不能当场办理的业务，要向申办人解释清楚办理程序及所需申报材料等；对于自己职责范围外的业务，应告知申办人到相关窗口办理。

随着互联网技术的飞速发展，"互联网＋"以信息化建设为支撑，其高效便捷、精确管理、简化流程等优势，成为社会治理创新的重要驱动力。在未来社区模式中，社区要结合实际情况，进一步拓展社区服务中心的功能，积极探索"互联网＋社区治理"服务。在社区治理中运用数字平台集成融合功能，采集和记录社区日常管理中的业务信息，并以表

格、图文、报告等形式输出，为其他部门提供基础数据，实现跨部门协作和信息资源的有效整合，让居民在家门口就能享受便利、贴心的公共服务。例如，嘉兴市在完善社区治理协商平台方面取得了不错的成效，依托"微嘉园"等载体，将议事会搬上"云端"，建立"微信议事厅""楼宇议事厅"等分载体，实现"云议事""云投票"，打造全天候、随身带的指尖议事载体。

2. 推进城镇老旧小区改造，提升居民自治化水平

目前，浙江省创建未来社区工作正如火如荼地进行中，《浙江高质量发展建设共同富裕示范区实施方案（2021—2025 年）》提出，按照未来社区理念实施城市更新改造行动，加快推进城镇老旧小区改造，基本完成 2000 年底前建成的需改造城镇老旧小区改造任务。老旧小区改造是"未来小区"建设的重要构成部分，不仅是重大民生工程，更是基层社会治理问题。然而，实际操作中经常遇到一些阻碍和困难，主要表现在社区居民的参与积极性较低。2020 年国务院办公厅印发《关于全面推进城镇老旧小区改造工作的指导意见》明确提出，构建"纵向到底、横向到边、共建共治共享"的社区治理体系，"共建共治共享"就是动员居民共同参与。因此，在老旧小区改造过程中，居民自治的良性互动就显得尤为重要，积极做到"问需于民、问计于民、问效于民"。一是共性问题前置，才能确保老旧小区改造工作的顺利推进。社区工作人员可以采取发放调查问卷、入户走访、电话、微信等方式广泛征集民意。设计师在了解居民的实际需求后，科学拟订改造方案，确定范围、期限及补偿标准，并将规划效果图及时进行公示。二是在改造施工现场设立咨询服务点，安排专门人员解答居民的疑问。居民与施工方不可避免会发生冲突和矛盾，如噪音扰民、垃圾外溢等问题的投诉，专门人员也能及时做好矛盾协调工作，让惠民工程真正得民心。

3. 构建社会交往平台，推进邻里中心建设

"未来邻里场景"通过社区文化建设、构建社会交往平台等措施，营

造交往、交融、交心的人文氛围，构建"远亲不如近邻"的未来邻里场景，从而实现为人民服务的目的。

随着物质生活水平不断提高，人民对于美好生活的需求，开始向精神文化需要转变。社区文化建设是居民进行社交的重要方式，要以良好的社区文化环境来增强居民的幸福感和归属感。社区积极开展文化知识讲座、社区培训班、文艺汇演等群众喜闻乐见的活动，并且鼓励有文艺专长的居民自发组建舞蹈队、戏曲队、合唱团等群众艺术团队，营造浓郁的文化氛围。此外，创新文化服务形式，在传承乡村文脉的基础上，将原来公共空间改造为文化礼堂，保护和发展当地的优秀民俗文化，开展政策学习、技术科普、文化演出、展览演示等活动的精神家园，不仅能进一步提高公共资源的配置效率，也能促进居民之间的和谐相处。

构建数字化交流平台，共育辖区内"企事业单位、社会组织以及居民"的社区网络互动的新途径，实现社区资源共享共驻共建。优化板块设计，在平台中加入日常生活元素的场景，引导居民之间进行接触和交流。例如，柯桥大渡社区入选浙江省未来社区场景运营"最佳实践"优秀案例，创建"亲和大渡"数字化平台，其中"邻里帮"板块设置了"假日课堂""一起拼多多""能人帮""共享工具箱"等7个子场景，通过"线上点单、线下服务"，不仅精准对接居民实现互帮互助，还密切了邻里关系，增强了社区凝聚力。

4. 未来社区智能化养老，实现全民健康覆盖

2021年浙江省印发《未来社区健康场景建设方案（试行）的通知》，围绕"健康大脑 + 智慧医疗 + 未来社区"的蓝图，首次提出了"建立全生命周期电子健康档案系统""在未来社区建设智慧化社区卫生服务站"等目标[①]。良好的政策环境与人工智能的技术优势，不仅提升了基层医疗机构的服务水平，还促进了养老产业的升级，社区智慧养老服务呈现良

---

① 浙江省启动未来社区健康场景建设 [EB/OL]. 光明网，2021 – 07 – 14.

好的发展态势。一是，完善分级诊疗制度，家门口也能享受优质的医疗服务。对于常见疾病初诊、慢病防控管理、术后康复护理、日常身体检查等项目，要发挥社区卫生服务中心的作用，实现全民健康覆盖的目标。同时，患者也可以通过远程会诊向医生提出问询，不出社区享受到面对面的名医问诊，促进医疗资源合理配置。二是，按照住房和城乡建设部发布的《养老服务智能化系统技术标准》的要求，构建社区养老服务管理中心智能化系统，通过移动健康监测装置实时监测老人的日常生活和健康状况，患者数据实时反馈到社区医疗中心。同时，社区医生定期为老人提供上门问诊服务，测量心电、血压、脉搏、血糖等健康指标，确保社区养老的安全性。三是，完善和推广社保"第六险"长期护理保险，是应对老龄化的有效方法，重点解决重度失能人员基本护理保障需求，优先保障符合条件的失能老年人、重度残疾人。社保"第六险"涉及的医疗、养老、护理等一系列服务，将大大减轻失能老人家庭的经济压力，为未来社区的智能化养老提供支撑。

5. 创新社区治理和社区服务模式

主体多元化已成为社区治理的重要手段，尤其体现在公益性服务的供给上。浙江省发布《关于高质量加快推进未来社区试点建设工作的意见》，指出"省财政出资，联合其他主体共同组建未来社区建设投资基金。通过市场化运作，撬动更多的社会资本共同参与和支持未来社区建设"[①]。创新社区治理是未来社区探索的方向，设立社区基金会是未来社区发展的一个重要抓手。我国的社区基金会大致分为政府主导型、企业主导型以及居民主导型。社区基金会本质上是一个资助性质的公共慈善机构，旨在动员和整合当地的慈善资金，进而为社区中有需要的组织、个人提供资金支持，弥补政府投入不足，促进社区治理（陈朋，2015）。例如，余杭区良渚文化村社区公益基金会成立于2018年，由社区居民自

---

① 浙江省人民政府办公厅关于高质量加快推进未来社区试点建设工作的意见 [EB/OL].
浙江省人民政府网站，2019 – 11 – 13.

发起成立，采取社区、社工、社会组织、社区志愿者和社会慈善资源"五社联动"模式。该基金会的发起注册资本金除了"阿里巴巴公益基金会""南都公益基金会"的公益创投外，其余均来自村民。从良渚文化村社区的基本经验来看，其核心是调动社会力量参与到慈善公益中来，形成了人人参与、互动共享的民主社区氛围。具体而言，聚集社区内的公益资源，开展志愿者服务、社区老年人群体关怀、公共设施环境维护等公益活动。因此，建构多元主体的合作关系，关系到基金会能否规范合理地运行，要形成一个相互信任的氛围。在专业运作层面，保证基金会的独立自主性，通过对外招聘专职工作人员，以提供筹集托管资金、统筹社区资源等方面的专业化服务。在人才培养层面，加强基金会与高校的合作，高校智脑团以社区实际需求为导向，提出项目运营方案设计，并加强对基金会工作人员的培训课题，不断壮大专业队伍。

第5章

浙江新型城镇化创新模式

5.1 特色小镇模式

特色小镇主要指聚焦特色产业和新兴产业，集聚发展要素，不同于行政建制镇和产业园区的创新创业平台。2021年11月19日，2021长三角高校智库峰会在沪举行，安徽大学经济学院党委书记、安徽特色小镇发展研究中心主任田淑英发布了《新格局下特色小镇赋能长三角城市群协同发展》报告，她强调，特色小镇是城市群中重要的功能节点，是推动长三角一体化高质量发展的重要路径之一，具有全方位、深层次、多链条的创新驱动意义。如今，我国交通网络日益发达，尤其是城市轨道交通，为发展旅游产业创造了良好的条件，人们的出行更加方便快捷，城市之间的交流合作愈加紧密。面对长三角一体化的机遇，深化合作实现优势互补，形成错位竞争，打开小镇的发展空间。通过特色小镇的建设，不仅凸显产业集聚效应，丰富了新型城镇化发展内涵，还能在资源共享、人口集聚、产业集聚等方面深化跨区域联动发展，进而实现区域经济协调发展。

特色小镇发源兴起于浙江，2015年5月，浙江省颁布了《浙江省人民政府关于加快特色小镇规划建设的指导意见》，明确其产业定位特色小镇要聚焦信息经济、环保、健康、旅游、时尚、金融、高端装备制造以支撑我省未来发展的七大产业，兼顾茶叶、丝绸、黄酒、中药、青瓷、木雕、根雕、石雕、文房等历史经典产业，坚持产业、文化、旅游"三位一体"和生产、生活、生态融合发展。同年 6 月，浙江省余杭梦想小镇、西湖云栖小镇、上城玉皇山南基金小镇等 37 个特色小镇首批创建名单公布。浙江特色小镇建设得到党中央、国务院的充分肯定。2016 年 7 月住建部、国家发展改革委和财政部联合公布《关于开展特色小镇培育工作的通知》提出，到 2020 年我国将培育 1000 个左右各具特色、富有活力的休闲旅游、商贸物流、现代制造、教育科技、传统文化、美丽宜居等特色小镇，这种新模式在全国开始推广。

2018 年，浙江省特色小镇规划建设工作联席会议办公室印发《浙江省特色小镇创建规划指南（试行)》（以下简称《指南》），是全国首个针对特色小镇创建出台的专项规划。《指南》提出，特色小镇创建规划应遵循"产业'特而强'，功能'聚而合'，形态'小而美'，体制'新而活'"的原则，以面向未来发展的营建技术植入为手段，建设一个创新创业、宜居宜游、有人文魅力的特色小镇。

特色小镇以产业立镇，按照浙江省特色小镇产业类型，大致分为高端装备制造、数字经济、时尚、环保、健康、金融、旅游、历史经典。现阶段，浙江特色小镇建设并取得阶段性成果。由人民日报出版社出版的《中国特色小镇 2021 年发展指数报告》正式对外发布，台州市椒江绿色药都小镇、杭州市余杭梦想小镇、绍兴市柯桥区蓝时尚小镇、绍兴市上虞 e 游小镇、宁波市慈溪息壤小镇、绍兴市上虞伞艺小镇、湖州市德清地理信息小镇 7 个小镇入选 2021 年中国特色小镇 50 强。

可见，浙江以数字化改革推动特色小镇高质量发展，把培养和发展特色产业作为特色小镇建设的关键。特色小镇建设与各地区的城镇化发展形成了相辅相成的良性循环，已然成为浙江经济增长的新引擎、创新驱动的平台和载体。

5.2 特色小镇相关研究

特色小镇与新型城镇化有着密切的关系，具有概念关联性、本质同根性、目标一致性以及功能趋同性（卫龙宝等，2016）。两者相互促进又相互影响，特色小镇建设对于新型城镇化发展起推动作用，新型城镇化发展能够为特色小镇建设带来便利（阎西康等，2021）。特色小镇是块状经济、产业集群演进发展的必然结果，作为区域产业集聚的3.0，是区域经济从投资驱动向创新驱动的内在要求（盛世豪等，2016）。

同时，特色小镇作为大型工程建设，投资大、涉及面广，会对城市空间结构、运转秩序及生态环境等方面产生重大影响。当工程建成后，既能延伸产业链实现产业集聚，又能带动区域经济发展，成为促进经济增长的新动力。从本质上说，特色小镇是与内生性和外生性相互作用的结果，正确处理两者的关系，才能保持经济的可持续发展，经济增长理论为特色小镇对区域经济的推动作用提供了理论基础。

如何"破坏"旧有模式，创新小城镇发展模式，实现生产要素重配及产业结构的优化，创造更大发展空间，是当前需要研究和解决的重要问题（易信，2018）。从以往的文献来看，一部分国内学者对特色小镇的外部驱动力展开了研究。特色小镇是一种产业空间组织形式，在建设过程中要"按照全域规划、生态优先、资源整合的原则"（盛世豪等，2016）。特色小镇的发展离不开政府的规划和引导，张京祥等（2004）也认为城市规划就是地方政府以增强城市竞争力为目标，强化地方发展利益的一种新城市管治方式。当然，特色小镇不能仅靠政府推动，在市场机制下，经济增长离不开政府与市场的共同作用，城市规划与市场机制越紧密，越能合理配置城市土地资源以及经济功能布局。因此，特色小镇要坚持政府搭台市场主导，才能激发经济增长的巨大潜力。正如赵佩佩和丁元（2016）所论述的，特色小镇建设的动力机制应由投资驱动、要素驱动向创新驱动转变，空间利用方式由简单依赖增量扩张向更加高效、精细的存量提升转变，运营机制由政府主导向企业实体转变。宋宏和顾海蔚（2019）总结了影响 PPP 特色小镇项目的 10 个因素：政策支持、政府担保、融资难度、市场环境、产业技术、人才储备、运营风险、收益分配、土地获取、管理体制，其中最主要的因素是政策支持和政府担保。

另一部分学者对特色小镇的解决路径进行了研究，闵学勤（2016）认为小镇从治理主体多元化和智库化、小镇运行机制平台化和网络化、小镇创新体系常态化和本土化，以及小镇绩效评估精细化和全球化等方面入手，将特色小镇创建带入精准治理的轨道。刘国斌等（2017）提出特色小镇与新型城镇化发展的路径选择为：培育县域经济"亚核心"，提高小城镇发展活力；完善顶层设计；激发社会资本参与积极性，弥补资金缺口。钟娟芳（2017）提出全域旅游和特色小城镇的融合创新发展具有重要意义，应根据旅游资源禀赋，理性推进特色小镇与全域旅游的融合发展。唐刚（2019）认为选择具有比较优势的可贸易品产业，能够使小镇地区避免缺乏绝对优势产业而导致的经济衰退和劳动力外流，并使得当地居民的消费品供给比无特色产业的情况更加丰富；通过发展具有地域特色的文化、旅游等非贸易品产业，并吸引外地顾客来小镇当地进行消费，可以在丰富周边地区居民消费选择的同时实现劳动力的本地化就业。闫钰琪等（2021）以物流特色小镇作为研究对象，探讨了"互联网＋"时代下物流特色小镇发展的影响因素，并有针对性地提出了一系列现实发展路径。特色小镇具有投资大、周期长、风险高等特点，在建设过程中，融资是第一道坎。近年来，国家在政策层面上也鼓励 PPP 模式（地方政府和社会资本合作）参与特色小镇建设，解决融资问题。PPP 模式在特色小镇建设中的融资风险、政策研究、运营模式等进行了深度分析，并提出诸多建议，其中赖一飞等（2018）运用随机合作博弈 Shapley 值方法描述 PPP 项目中政府、专业公司、纯投资者的合作形式，提出加强顶层制度设计、增强中介机构的监督与约束、增强联盟合作关系、建立信用惩罚机制等政策建议，以期为优化风险分担和促进三方共赢提供参考。

综上所述，特色小镇作为新型城镇化的一种创新模式，担负起促进"城乡统筹发展"与"产业结构优化协调发展"的重要历史使命。现有文献从城镇规划、动力机制、融资渠道等视角对特色小镇的发展定位和建设水平进行了研究，并系统考察特色小镇模式在市场机制作用下，凝聚产业优势，实现人才聚集和产业聚集。接下来，本章选择浙江特色小镇中最具有代表性的数字经济类特色小镇和经典类特色小镇作为对象，从产业特色的视角进行阐述。

5.3 数字经济类特色小镇

2021 年，浙江省政府工作报告指出，要实施数字经济"一号工程"2.0 版。深入实施数字经济五年倍增计划，大力推进数字产业化，加快建设国家数字经济创新发展试验区，形成一批具有国际竞争力的数字产业集群，数字经济核心产业增加值增长 10% 以上。《浙江省数字经济发展"十四五"规划》也提出，加快数字产业化，培育建设世界级数字产业集群，推进产业数字化，推动实体经济高质量发展。

在此背景下，数字经济类特色小镇得到了蓬勃发展，浙江数字经济特色小镇共计 41 家，其中西湖云栖小镇、余杭梦想小镇、萧山信息港小镇、德清地理信息小镇、上虞 e 游小镇为命名数字经济特色小镇；富阳硅谷小镇、滨江互联网小镇等 21 家创建名单，西湖云谷小镇、金华互联网乐乐小镇等 15 家培育名单。从 2021 年 1~12 月的浙江特色小镇传播指数榜单来看，余杭梦想小镇、西湖云栖小镇、上虞 e 游小镇、滨江物联网小镇等数字经济为主导产业的小镇进入前 10 的次数最多，数字赋能产业转型升级，产业影响力不断提升。

5.3.1　西湖云栖小镇

西湖云栖小镇是浙江省特色小镇的发源地，在区位条件上，位于杭州市西湖区转塘街道，地处之江旅游度假区核心地区。云栖小镇以"云创"为核心，全面布局"空天地海、数据融合"，逐步形成以云智能、空天信息、城市大脑、智能制造、生物医药五大数字经济业态。小镇在全国最早布局云产业，诞生了国内唯一拥有自主知识产权的通用云计算平台——飞天5K，实现了中国云计算从无到有的突破。[①]

打造完整的产业生态圈对特色小镇建设至关重要，云栖小镇的发展经验总结为"创新牧场—产业黑土—科技蓝天"："创新牧场"为中小微企业和草根创业者创设了基础平台和发展空间；"产业黑土"为传统企业和互联网企业提供嫁接和对接的黏质养分；"科技蓝天"则致力于打造科研型大学与学术机构与企业紧密结合的产学研一体化的良性生态系统。[②]

如今，云栖小镇释放人才"虹吸效应"，2021 年新增入选国家级、省级"海外引才计划"人才 31 名、市"521"人才 9 名，新引进杭州市 D 类以上人才 10 名，新增企业海内外硕士及副高人 147 名，落地高层次创新创业团队 8 个，成为顶尖人才的集聚地，在国内形成了较高的知名度。[③] 2021 年，文化和旅游部联合中央宣传部、中央党史和文献研究院、国家发展改革委推出"建党百年红色旅游百条精品线路"，云栖小镇入选"数字科技·云上逐梦"精品线路，线路包括小镇展示厅、2050 博悟馆、杭州城市大脑产业协同创新基地展厅、铜鉴湖公园等。

---

① 程晓刚. 云栖小镇：探索以特色产业为先导的新型城镇［N］. 中国文化报，2022 - 08 - 13.

② 朱言，赵路，郑少曼，冯涛. 创新不止！特色小镇之"云栖"路径［N］. 浙江日报，2018 - 09 - 18.

③ 徐浩哲，钟舒. 云栖小镇：打造未来智谷 重塑城乡风貌［J］. 城乡建设，2022（17）：64 - 67.

此外，特色小镇建设过程中，也离不开营商环境的打造。云栖小镇正式发布《关于加快推进云栖小镇2.0建设的实施意见》，采取"鼓励引进优质企业及项目、鼓励引进优质产业生态项目、实施企业研发投入补助、实施科技成果转化补助"等措施，聚集人才、项目、资金，提升云栖小镇产业能级。①

5.3.2 上虞e游小镇②

根据中国音数协游戏工委与中国游戏产业研究院发布的《2021年中国游戏产业报告》显示，2021年中国游戏用户规模保持稳定增长，用户规模达6.66亿人，同比增长0.22%。同时，2021年，中国游戏市场实际销售收入2965.13亿元，比2020年增加了178.26亿元，同比增长6.4%。③在游戏产业规模迅速扩张的带动下，游戏主题小镇也频频出圈。

上虞e游小镇位于浙江省绍兴市，主要培育游戏、影视、动漫、电竞、网红直播等为泛娱乐信息经济企业，目标是通过3~5年的努力，打造成为引领全国的网络游戏之都、长三角数字内容创意产业中心和全省互联网应用示范小镇。e游小镇取名包涵多重意义。"e游"的"e"是信息技术、信息经济的代名词，"游"代表游戏等泛娱乐信息经济产业，"e游"连在一起谐音"一流"。④

在培育数字经济产业人才方面，e游小镇联合浙建院建立"e游学院"，作为一家独立二级学院，根据数字内容产业发展实际需求，开设"数字媒体艺术设计、计算机应用技术、游戏与动漫"等专业，实现从源

---

① 关于加快推进云栖小镇2.0建设的实施意见［EB/OL］. 西湖区投促局，2022-11-28.

② e游小镇2021年工作总结及2022年工作思路［EB/OL］. 上虞区人民政府网站，2022-06-06.

③ 程依伦.《2021年中国游戏产业报告》正式发布：实际收入同比增长6.4%［N］. 广州日报，2021-12-17.

④ 顾利民. 打造泛娱乐产业与信息经济深度融合新平台——上虞e游小镇的案例分析［J］. 浙江经济，2018（2）：63-64.

头上引育数字经济关键人才。e 游学院为小镇发展提供了坚实的人才基础，迸发出新的活力。e 游小镇数字内容产出丰富，《云梦伏妖录》《绝世战魂》《玄中记》《长安有妖气》《神话奇兵》等游戏作品相继上线。其中《玄中记》获得腾讯独家代理；小镇企业绍兴黑岩动画影视有限公司出品的《星骸骑士》荣获 2021 腾讯在线视频金鹅荣誉动漫年度创新动画奖。同时，e 游小镇出品的原创系列动画《女儿红》《五彩米》《天青》在多个平台同步上线，用动画的方式展现了具有上虞辨识度的共同富裕美好社会。① e 游数字小微园被省经信厅列为 2022 年度数字化示范小微企业园名单。惠普文创园成功入选"绍兴市服务小微企业成长优秀平台"。"e 聚众创空间"获绍兴市级考核优秀②。

5.3.3 德清地理信息小镇③

浙江省德清地理信息小镇位于浙江省湖州市下辖的德清县，拥有良好的交通区位条件，所在的德清县与杭州接壤，有高铁直达杭州市区，规划面积仅 3.68 平方千米。④ 2011 年，在当时的国家测绘地理信息局的大力支持下，浙江省测绘地理信息局与德清县政府合作共建浙江省地理信息产业园。2018 年 1 月 19 日，国内首颗以县域命名的遥感卫星"德清一号"发射成功，其制造商长光卫星技术有限公司也同时将遥感大数据云平台项目落户德清地理信息小镇。⑤ 2018 年 11 月首届联合国地理信息大会在德清地理小镇召开，这次大会是测绘地理信息领域迄今为止在中

① e游小镇 2021 年工作总结及 2022 年工作思路 [EB/OL]. 上虞区人民政府网站，2022 - 06 - 06.
② e游小镇 2022 年工作亮点和 2023 年工作思路 [EB/OL]. 上虞区人民政府网站，2023 - 01 - 30.
③ 资料来源：德清县人民政府网站。
④ 李奕璇，岳嘉琛，胡佳，潘峰华. 高科技产业特色小镇的发展之路——以德清地理信息小镇为例 [J]. 小城镇建设，2020（3）：27 - 33.
⑤ 方臻子，孟琳、俞思衍. 一场长达十年的"双向奔赴"联合国全球地理信息知识与创新中心落户德清 [N]. 浙江日报，2022 - 05 - 23.

国举办的层次最高、覆盖面最广的重大国际多边活动。利用举办本次会议的契机，德清地理小镇建设翻开新篇章。[①] 2022 年 5 月 20 日，联合国全球地理信息知识与创新中心成立，入驻浙江德清。联合国全球地理信息知识与创新中心是联合国秘书处在中国设立的首个直属机构，隶属于联合国经济与社会事务部。[②]

经过多年发展，地理信息小镇初具规模，并形成了较为完整的地理信息行业产业链，"办好联合国世界地理信息大会"写入《长江三角洲区域一体化发展规划纲要》。在集聚地理信息产业方面，以地理信息产业创新服务综合体为辐射中心，引进了千寻位置、国遥、正元、中海达、长光卫星等地理信息相关企业已超 400 家。2021 年，小镇营业收入达 260 多亿元，是中国地理信息企业集聚度最高、产业结构最丰富的区域。[③] 浙江省经信厅发布的 2022 年浙江省数字工厂标杆企业认定类和培育类名单，小镇内企业千寻位置网络（浙江）有限公司成功入选浙江省数字工厂标杆企业榜单，是全省 17 家数字标杆（认定类）企业之一。

在品牌文化建设方面，小镇建立的地理信息科技馆，先后获全国测绘地理信息科普教育基地、2020 年长三角市民终身学习体验基地、浙江省科普教育基地、湖州市中小学研学实践教育基地、湖州市科技基地展馆等称号，是目前国内面积最大、内容最齐全的地理信息专业性科技馆。[④]

在地理信息产业链延伸方面，小镇拥有"地信梦工场"，是国内首家地理信息（GIS）专业众创空间。"地信梦工场"以地理信息项目为孵化对象，通过创业辅导、行业科创、云上政务、技术攻坚、交流路演、市场开拓、创业融资等多项服务，打造了一个低成本、便利化、全要素的专业类创业创新服务平台。

---

① 素晴. 德清地理信息小镇在奔跑中调整呼吸 [J]. 中国测绘，2021（10）：28 – 31.
② 李风，方臻子. 这个联合国机构为何落户德清 [N]. 中国自然资源报，2022 – 05 – 31.
③ 洪恒飞，江耘. 浙北小县下了一盘地理信息的大棋 [N]. 科技日报 2022 – 07 – 21.
④ 姚雅琦. 德清县科协走访新入选国家级、省级科普教育基地 [EB/OL]. 德清县科协，2022 – 06 – 15.

5.4 历史经典类特色小镇模式

在特色小镇建设过程中，要重视"文化"的重要性，每个特色小镇都要有文化标识，"文化"对于历史经典型特色小镇来说更为重要。黄酒小镇、杭州笕桥丝尚小镇、西湖龙坞茶镇、龙泉宝剑小镇、湖州丝绸小镇等都是历史经典特色小镇的典型代表，本书以黄酒小镇为切入点，分析历史经典型特色小镇的发展模式。

一是，历史经典型特色小镇的"资源"是经过千年传承下来的瑰宝，"资源"相对持久且稳定，不但是地方的支柱型产业，而且会影响小镇居民的生活方式（王沈玉等，2018），这也是与其他特色小镇的显著差异。根据内生经济增长理论，资源禀赋优势及企业技术创新能力具有内生增长性质，有效激发这些内生动力，是实现经济增长的关键性条件。绍兴黄酒小镇以"酒乡古镇"东浦和"黄酒重镇"湖塘为核心，按照"一镇两区"模式开展创建。东浦片区，依托丰富的酒乡古镇资源，重点发展黄酒文化旅游产业；湖塘片区依托雄厚的黄酒产业基础，重点发展黄酒酿造产业。

从"文化资源"来看，名胜、文物、民俗、古迹等资源是文化旅游产业发展的基础，文化旅游产业的核心包括历史文化遗产（物质文化遗产和非物质文化遗产）及古镇所承载的历史人文记忆（张海燕和王忠云，2010）。黄酒是世界上最古老的三大古酒之一，起源于中国，且为中国独有。绍兴作为"中国黄酒之乡"，其历史源远流长，千年前就有越王勾践"美酒投河，将士共饮"的故事，这条河被命名为"投醪河"（屠剑虹，2017）。2006年，绍兴黄酒酿制技艺被列入第一批国家级非物质文化遗产名录。说到绍兴酒，不得不提东浦镇，东浦古镇是绍兴黄酒的发祥地，东浦鼎盛时期曾涌现出500多家酒坊，如著名的孝贞酒坊、云集酒坊都发源于此，绍兴的黄酒产业龙头企业古越龙山、会稽山等的前身，也都是从东浦镇的酒坊演变而来。此外，东浦镇历史文化资源也十分丰富，是南宋爱国诗人陆游和辛亥先烈徐锡麟的故居。根据《绍兴东浦历史文化名镇保护规划》显示，域内现有世界文化遗产 1 处、全国重点文物保护单位 2 处、省级文物保护单位 2 处、市级文物保护单位 2 处、文物保护点 9 处。

从"创新资源"来看，人力资本、研究开发及技术外溢是经济增长的源泉（赖明勇等，2005），而企业作为人力资本和研究开发的主要载体，通过优化企业内部资源、激发创新型人力资本、加快成果转化的过程，最终实现内生性增长。古越龙山和会稽山作为黄酒行业龙头企业，在酿酒技术和新产品研发等方面都走在前列。古越龙山现有 4 名国家级和省级酿酒大师、22 名国家级评酒大师、各类中高级专业技术人员 600 余人。公司注重新产品的开发，联合江南大学合作设立黄酒酿造创新实验室，推进了金兰、银青、珍珠、水晶、龙山小雅五款"好酒不上头"系列黄酒新品上市。[1] 会稽山与浙江树人大学、江南大学、绍兴文理学院合作完成的"黄酒优质安全低耗酿造与后处理关键技术研发及应用"获 2020 年中国食品工业协会科学技术一等奖。同时，公司新增获证 6 项专利和 7 项商标，与江南大学合作的发明专利"一种多菌种黄酒生麦曲机械化生产工艺"项目，获第 21 届中国专利奖银奖。[2] 如今，湖塘片区已成为黄酒产业集聚中心和产品研发中心，有会稽山、塔牌、鉴湖、东方酒、太和酒等一批知名品牌酒厂，占全市黄酒产量的半壁江山。可以看出，黄酒企业的发展稳定，产品上能逐渐高端化趋势，并在技术创新上开展了积极探索，不断取得新的成效。

二是，激发历史经典型特色小镇的"资源"和"优势"，外生因素也发挥了重要作用。特色小镇是地方政策创新的实践成果，是城市规划政策和产业发展政策的重要内容，只有具备这些必备的初始条件，才能使其按照固有的规律可持续发展。

---

① 资料来源：古越龙山 2020 年年度报告。
② 资料来源：会稽山 2020 年年度报告。

在规划布局上，把黄酒小镇的主导产业发展、生态环境保护、文化遗产传承等进行功能定位和空间整合，同时改善基础设施和公共服务，为特色小镇发展创造良好的外部环境。据绍兴黄酒小镇主体部分规划公示，黄酒小镇占地总面积约4.6平方千米，位于镜湖新区北至群贤路、南至洋江路、西至大越路、东至绿云路区块的核心地带。规划按照"三区、一心、一廊、一带、两幅长卷"理念打造。其中，"三区"是旅游文化区"越红里"、古镇文化区"溇台里"、产业文化区"花雕里"，"一心"是黄酒小镇旅游服务中心，"一廊"是耶溪路黄酒魅力走廊，"一带"是生态滨水活力带，"两幅长卷"是古镇生活长卷与黄酒时光长卷。① 2020年，越城区自然资源与规划分局发布《绍兴黄酒小镇（东浦）控制性详细规划修改规划公示》，指出为了更好地保护东浦古镇，要适当增加古镇周边的待研究用地。之后，2021年黄酒小镇管委会发布了《绍兴东浦历史文化名镇保护规划公示》，提出以东浦历史镇区为重点区域，并将东浦街道行政区域纳入总体保护和研究范围。可以看出，东浦镇历史文化底蕴深厚，一直是绍兴"绿心"建设的核心区域，规划遵循了"保护为主、抢救第一、合理利用、加强管理"文物保护方针，既保留了东浦原汁原味的古镇风貌，确保了文化遗产的保护和传承，又发挥了黄酒小镇产业叠加效应，可以说是文化保护和经济发展并行。

在投资融资上，2017年国家发展改革委等四部委联合发布《关于规范推进特色小镇和特色小城镇建设的若干意见》中指出，各地区要以企业为特色小镇和小城镇建设主力军，引导企业有效投资、对标一流、扩大高端供给，激发企业家创造力和人民消费需求。公共私营合作制（public private partnership，PPP）模式是指政府部门和社会资本为提供公共产品和服务而建立起来的一种伙伴关系，有助于缓解财政支付的压力及完善市场化运作机制（胡钰和王一凡，2018）。黄酒小镇以"政府引导、企业运作、集约化管理、一站式服务"为原则，由绍兴市越城区人

---

① 裴金红. 黄酒小镇规划公示"城市封面"初步"定妆"［N］. 绍兴日报，2021 – 06 – 22.

民政府、融创中国、深融文旅三方共同参与投资合作，以"黄酒产业、文旅产业融合发展"为核心，充分发挥了对经济增长有利的外部效应。政府与优秀民营企业合作建设特色小镇，增强城市功能和价值创造能力，实现最大化的经济效益和社会效益。

在基础交通建设上，绍兴市一直非常重视交通基础设施的建设，城市交通作为城市规划的核心内容，是城市增长的轴线，不仅影响居民和企业的选址行为，还引导城市空间演变的方向。当城市发展到一定的规模，如果没有更加快捷的公共交通方式出现，城市聚集和扩张将大大减缓，毕竟人口、信息流、物流、资本等要素都喜欢往交通便利之地集中。黄酒小镇拥有完善的交通网络布局，交通区位条件十分不错，距杭州萧山国际机场约 35 千米，距绍兴高铁北站约 5 千米，随着绍兴轨道交通 1号线的运营，东浦黄酒小镇有望成为"反磁力中心"，进一步促进文旅融合，带动区域经济增长。

5.5 浙江特色小镇经验总结

浙江特色小镇的实践表明，特色小镇的本质是产业问题，在深化"一镇一品"发展策略的基础上发展特色小镇，具有明显的地域特色。在经济增长新阶段，特色小镇在深度挖掘内生资源禀赋的同时，吸纳外生因素的加入，做到与时俱进、推陈出新，以激活特色小镇内部的发展潜力。以云栖小镇、上虞 e 游小镇、黄酒小镇为代表的特色小镇，不但重构产业生态位，升级旅游体验，还推动文旅产业的深度融合，成为浙江文旅的新标杆，为特色小镇高质量发展提供了借鉴经验。

5.5.1　改造升级印染、茶叶、丝绸、黄酒等传统产业

浙江特色小镇在原有的产业基础上，改造升级印染、茶叶、丝绸、

黄酒等传统产业。进入 21 世纪，全球经济正发生着深刻变化，产业之间的渗透融合日益活跃，不断推动着整个产业结构的合理化、高度化，并架构出新的融合型产业体系。产业融合是产业发展的高级阶段，必然是产业结构优化和社会生产力进步的趋势。通过产业融合发展能有效改善传统行业的供给质量，实现差异化竞争，增强企业的盈利能力。

黄酒是最古老的酒种之一，但纵观如今酒类市场，黄酒的市场份额却远远不及白酒，黄酒行业上市企业仅古越龙山、会稽山、金枫酒业三家。因此，正确处理好黄酒的文化继承和创新发展的关系就显得尤为重要。黄酒小镇发挥"古越龙山"和"会稽山"等黄酒龙头企业的创新行为，进一步整合行业资源，打造产区集群，实现知识、技术、人才、信息等创新资源的交流和传递，带动产业集群内中小企业的创新发展。同时，发挥黄酒产业优势，延伸上下游产业链，如文化旅游产业、动漫产业、黄酒食品产业等，成为绍兴经济发展的重要增长极。在互联网高速发展的今天，"酒香不怕巷子深"已不符合时代要求，需要采取"互联网＋宣传"的模式，有效激活各类新媒体。古越龙山探索"互联网＋"新零售模式，深入挖掘黄酒文化内涵，重塑黄酒价值体系，多渠道多层次宣传黄酒文化、推广黄酒，推进黄酒品类扩张和产品及品牌附加值的提升，展示黄酒的当代价值，以高度的黄酒文化自信推动黄酒产业焕发新的生机活力，开拓更广阔的市场。

5.5.2 聚焦高端产业和产业高端环节

聚焦高端产业和产业高端环节，"从无到有""从有到强"培育数字经济、物联网、地理信息等高新技术产业。基于浙江实践，以高科技产业为主导的特色小镇，强调科技创新与人才集聚效应，高校科技成果只有走出实验室，才能有效转化为现实生产力。研究也表明，建立产学研一体化的研发创新体制，有助于提升高科技产业的创新绩效（魏守华等，2013）。例如，德清县在创新引领方面，小镇同相关高校院所共建了"中科卫星应用德清研究院""浙江大学人工智能研究所德清研究院""武汉大学技术转移中心浙江分中心""中国科大—德清阿尔法创新研究院""长三角智能规划国际研发院"等高校研究院,使得科技创新与产业发展紧密结合,加速了科技成果转化,助推企业发展。上虞e游小镇和杭州电子科技大学联合创办实训基地,这种校企合作的方式是培养高层次人才的有效途径,实现了优势互补。小镇为学生提供实践的平台,提高了学生实际操作能力及就业率;高校为小镇发展培养了一大批实用性人才,推动了产业的科技创新发展,可以说是一种校企双赢的创新模式。

5.5.3 打造文旅融合发展特色小镇

2018年文化和旅游部正式挂牌,标志着文旅融合成为国家层面战略思维,打造文旅融合的小镇,已成为助力浙江经济高质量发展的新引擎。从区位看,浙江省特色小镇都是根据地形地貌和产业特点,建成3A级景区,其中旅游产业特色小镇要按5A级景区标准建设。

文旅融合的独特内涵是小镇的重要吸引力,其灵魂在于文化资源的原真性,尤其是对于历史经典类特色小镇来说,将文化资源融合到旅游和商业中去,提升两者的文化内涵,实现文化传承与科技创新的碰撞、自然生态与人文和谐共生,形成别人难以复制的文旅品牌。例如,黄酒小镇就是依托江南风韵、历史名城、名士之乡等发展优势,不断深入挖掘黄酒文化内涵,绍兴黄酒小镇(东浦)已成为浙江省级特色小镇、国家3A级旅游景区,并通过国家4A级景区景观质量评估,[1] 积累了相当的旅游产业规模及市场知名度,成为浙江文旅融合高质量发展的"亮丽名片"。地理信息小镇也不断丰富文化内涵,建设了3.5万平方米的德清国际会议中心、3.5万平方米的展览馆、7000平方米的小镇客厅、330亩的

---

① 绍兴黄酒小镇管委会2021年度工作总结[EB/OL].黄酒小镇管委会,2022-07-15.

凤栖湖，以及 2000 亩的树阵、花海等旅游景点，成功创建了国家 AAA 级旅游景区①。

5.5.4　完善特色小镇配套功能

浙江特色小镇具备完善公共服务和商业配套，为项目的落地提供了良好的承接平台。幼儿园、普通小学、医疗卫生机构、影剧院一应俱全，缓解了外来人员生活、就业压力，促进新老居民的融合。根据浙江统计局数据，79 个创建小镇建成"小镇客厅"，提供信息咨询、商务商贸、创业、产品展览等服务。小镇创业创新氛围日益浓厚，81.3% 的企业认同小镇创业创新机制体制方面的优势（方腾高等，2019）。例如，地理信息小镇建设了 2000 套人才公寓，为入驻企业员工子女建设了幼儿园。引进诺富特酒店、亚朵酒店、机器人餐厅、电影院、酒吧、咖啡吧等商业项目，实现小镇首个商业综合体—德清海洋城投入使用。开通了小镇途经市中心、直通德清高铁站的公交车，方便企业员工日常出行。② e 游小镇已引进第三方专业机构，对创客之家 8000 多户商贸配套用房进行统一规划布局，构建宜业宜居的生活环境，不断提升小镇核心区域商贸供给。③

---

①② 全国 50 强！地理信息小镇上榜 ［EB/OL］. 德清县人民政府新闻办公室，2021 - 09 - 19.

③ e 游小镇 2021 年工作总结及 2022 年工作思路 ［EB/OL］. 上虞区人民政府网站，2022 - 06 - 06.

第6章

浙江产业发展分析

6.1 浙江产业总体发展情况

浙江省全面贯彻党的十九大和十九届二中、三中、四中、五中、六中全会精神，扎实做好"六稳"工作，全面落实"六保"任务，为产业发展聚力，提高企业的发展质量，取得了令人瞩目的成绩，经济社会发展稳步上升，生态环境质量得到了进一步的改善。

根据国家统计的主要产业指标来看（见表6-1），浙江省农、林、牧、渔业稳步增长，2020年已经增长到2224.56亿元；工业发展较为稳定，由2017年的20038.67亿元增长到2020年的22654.39亿元；批发和零售业增长为7502.42亿元；交通运输、仓储和邮政业为1967.85亿元，住宿和餐饮业1019.18亿元，另外信息传输、软件和信息技术服务业、金融业、科学研究和技术服务业等都保持了稳定的增长。再根据经济总体指标来看，2020年浙江省生产总值为64613.34亿元，2019年为62461.98亿元，比上年增长约3.6%。分产业看，第一产业增加值为2169.23亿元，增长1.3%；第二产业增加值为26412.95亿元，增长3.1%；第三产业增加值为36031.16亿元，增长4.1%；三次产业增加值结构为3.3：40.9：55.8，2019年三次产业增加值结构为3.3：42.1：54.6，第一产业比重不变，第二产业比重减少1.2%，第三产业比重增加1.2%，产业结构进一步优化，经济发展质量进一步得到提升。

表6-1 　　　　　　　　　浙江省产业发展统计情况 　　　　单位：亿元

指标	2017年	2018年	2019年	2020年
农、林、牧、渔业	1972.84	2019.32	2135.87	2224.56
工业	20038.67	21621.19	22520.94	22654.39
建筑业	3262.31	3737.56	3832.11	3812.20
批发和零售业	6323.62	6852.98	7360.24	7502.42
交通运输、仓储和邮政业	1742.57	1852.77	1980.11	1967.85
住宿和餐饮业	941.31	991.89	1085.50	1019.18
信息传输、软件和信息技术服务业	2599.47	2959.67	3613.82	
金融业	3770.57	4506.32	4903.95	5590.60
房地产业	3511.73	4117.13	4617.99	5053.47
租赁和商务服务业	1482.28	1737.82	1941.91	
科学研究和技术服务业	841.86	963.23	1145.24	
居民服务、修理和其他服务业	546.37	577.76	676.52	
第一产业	1933.92	1975.89	2086.70	2169.23
第二产业	23246.72	25308.13	26299.51	26412.95
第三产业	27222.48	30718.82	34075.77	36031.16

资料来源：《浙江省统计年鉴2021》。

　　浙江省全年规模以上工业企业总产值2018年、2019年、2020年分别为69775.4亿元、73766.2亿元、75684.8亿元，2018~2019年增长约为6%，2019~2020年，由于全球新冠疫情原因，增长速度低于3%。但是到了2020年第四季度已恢复至82.7%，高于上年全年1.4个百分点。从工业行业来看，煤炭开采和洗选业、黑色金属矿采选业等产值较小，总产值低于10亿元；非金属矿采选业能保持增长，2020年达到了188.6亿元，农副食品加工业达到了881.2亿元（见表6-2）。纺织业、服饰业、皮革、毛皮、制鞋业、酒、饮料和精制茶制造业、化学原料和化学制品制造业等出现了回落，而家具制造业、文教、工美、体育和娱乐用品制造业、石油加工、炼焦和核燃料加工业、医药制造业等产业逆势增长，到2020年分别达到了1017.9亿元、1378.8亿元、2247.1亿元、1845.9亿元。

表 6 – 2　　　　　浙江规模以上工业企业总产值（按工业行业分）　　　单位：亿元

行业	工业总产值		
	2018 年	2019 年	2020 年
总计	69775.4	73766.2	75684.8
煤炭开采和洗选业	0.2	0.3	0.5
黑色金属矿采选业	2.8	1.5	1.1
有色金属矿采选业	7.8	8.1	6.5
非金属矿采选业	128.3	159.5	188.6
农副食品加工业	830.0	866.3	881.2
食品制造业	493.1	521.0	558.1
酒、饮料和精制茶制造业	420.8	437.0	393.6
烟草制品业	524.1	535.9	557.9
纺织业	4319.7	4494.6	4231.8
纺织服装、服饰业	2064.6	2176.6	1905.6
皮革、毛皮、羽毛及其制品和制鞋业	1103.8	1129.6	844.4
木材加工和木、竹、藤、棕、草制品业	439.1	454.0	434.4
家具制造业	972.7	988.3	1017.9
造纸和纸制品业	1607.8	1480.6	1432.6
印刷和记录媒介复制业	447.9	500.5	515.1
文教、工美、体育和娱乐用品制造业	1228.4	1308.5	1378.8
石油加工、炼焦和核燃料加工业	1676.1	1973.7	2247.1
化学原料和化学制品制造业	6154.8	5750.5	5349.2
医药制造业	1505.5	1621.6	1845.9

资料来源：《浙江省统计年鉴 2021》。

浙江主要工业产品产量总体上呈现上升趋势，2020 年配混合饲料为 373.72 万吨，比 2018 年增加了 111.14 万吨；化学纤维 2968.18 万吨，比 2018 年增长了 685.88 万吨；钢、内燃机、数控机床、集成电路、发电设备、交流电动机 2020 年的产量分别为 1457.03 万吨、7356.00 万千瓦、52466 台、174.10 亿块、757.00 万千瓦、7120.00 万千瓦，比 2018 年、2019 年有较大的提高。由于受到外部环境的影响，黄酒、纱、布、毛线（绒线）、化学原料药、中成药、家用洗衣机等出现了略微滑落，如表 6-3 所示。

表 6-3　　　　　　浙江主要工业产品产量（2018~2020 年）

产品名称	2018 年	2019 年	2020 年
配混合饲料（万吨）	262.58	242.55	373.72
食用植物油（万吨）	55.27	81.22	81.75
黄酒（万千升）	57.34	55.03	41.42
纱（万吨）	159.97	149.09	136.98
布（亿米）	80.10	76.36	64.99
毛线（绒线）（吨）	37046	26619	20916
化学原料药（吨）	228033	250666	244896
中成药（吨）	22706	26291	24250
化学纤维（万吨）	2282.30	2822.84	2968.18
生铁（万吨）	873.75	835.48	852.84
钢（万吨）	1266.75	1350.68	1457.03
成品钢材（万吨）	3048.69	3468.25	3806.68
十种有色金属（万吨）	56.44	63.06	54.16
内燃机（万千瓦）	11222.00	6083.00	7356.00
数控机床（台）	42811	45432	52466
集成电路（亿块）	65.36	143.45	174.10
摩托车（万辆）	100.67	114.36	136.61
自行车（万辆）	417.00	407.00	304.00
发电设备（万千瓦）	536.00	584.00	757.00
交流电动机（万千瓦）	5884.00	6851.00	7120.00
家用洗衣机（万台）	1153.00	1118.00	907.00
家用电冰箱（万台）	618.00	568.00	593.00
发电量（亿千瓦小时）	3353.64	3351.02	3366.00

资料来源：《浙江省统计年鉴 2021》。

　　虽然受到新冠疫情的影响，但是浙江省的数字经济逆势的持续增长，成为经济增长的新引擎。2020 年以新产业、新业态、新模式为主要特征的"三新"经济增加值占 GDP 的 27.0%。数字经济核心产业增加值 7020 亿元，比上年增长 13.0%。在规模以上工业中，数字经济核心产业、健康产品、节能环保、文化、高端装备、时尚制造业增加值分别增长 16.8%、

14.3%、8.7%、7.9%、7.9% 和 4.9%；高技术、高新技术、装备制造、战略性新兴产业增加值分别增长 15.6%、9.7%、10.8% 和 10.2%；人工智能产业增长 16.6%。在战略性新兴产业中，新一代信息技术、新能源、生物、新材料产业增加值分别增长 21.0%、14.8%、11.5% 和 5.2%。①

从浙江省各市来看，2020 年杭州市生产总值为 16106 亿元，人均生产总值为 136617 元，社会消费品零售总额 6055.47 亿元，进口总额 2240.93 亿元，出口总额 3693.23 亿元。宁波市、温州市、嘉兴市、湖州市、绍兴市、金华市、衢州市、舟山市、台州市、丽水市生产总值分别为 12409 亿元、6871 亿元、5510 亿元、3201 亿元、6001 亿元、4704 亿元、1639 亿元、1512 亿元、5263 亿元、1540 亿元，人均生产总值分别为 132614 元、71766 元、102541 元、95579 元、113746 元、67329 元、72192 元、130130 元、79889 元、61811 元（见表 6 - 4）。

表 6 - 4　　　　　　浙江省各市国民经济主要指标（2020 年）

城市	生产总值（亿元）	第一产业（亿元）	第二产业（亿元）	第三产业（亿元）	工业（亿元）	人均生产总值（元）	社会消费品零售总额（亿元）	进口总额（亿元）	出口总额（亿元）
杭州	16106	326	4821	10959	4221	136617	6055.47	2240.93	3693.23
宁波	12409	339	5694	6376	5045	132614	4238.26	3379.91	6406.97
温州	6871	160	2834	3877	2268	71766	3497.79	311.65	1878.09
嘉兴	5510	124	2861	2525	2560	102541	2092.34	779.14	2273.18
湖州	3201	140	1588	1473	1420	95579	1424.43	106.39	1025.79
绍兴	6001	219	2712	3070	2245	113746	2322.50	192.02	2386.04
金华	4704	157	1814	2733	1555	67329	2611.93	253.34	4613.25
衢州	1639	92	660	887	530	72192	751.82	104.81	253.59
舟山	1512	153	590	769	532	130130	511.72	1079.21	588.10
台州	5263	295	2298	2670	1901	79889	2396.07	137.62	1760.86
丽水	1540	105	555	880	434	61811	727.48	42.94	300.71

资料来源：《浙江省统计年鉴 2021》。

---

① 资料来源：《2020 年浙江省国民经济和社会发展统计公报》。

从生产总值来看，浙江省各市从高到低的排名依次为杭州市、宁波市、温州市、绍兴市、嘉兴市、台州市、金华市、湖州市、衢州市、丽水市、舟山市；而人均生产总值的排名依次为杭州市、宁波市、舟山市、绍兴市、嘉兴市、湖州市、台州市、衢州市、温州市、金华市、丽水市（见图6-1）。

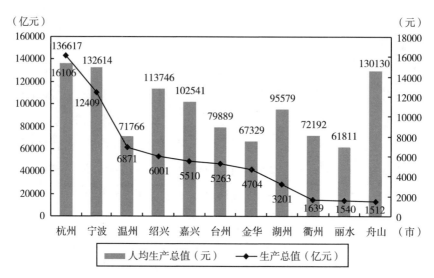

图6-1 2020年浙江省各市经济情况对比

资料来源：《浙江省统计年鉴2021》。

6.2 杭州产业发展分析

6.2.1 杭州产业结构

杭州市作为浙江省的省会城市，在产业发展、产业结构调整方面处于领先地位。2020年杭州市实现地区生产总值16106亿元，前三年（2017年、2018年、2019年）分别为12603.36亿元、13509.15亿元、15419.05亿元（见表6-5）。分产业看，2020年第一产业增加值326.00亿元，下降1.1%；第二产业增加值4821.00亿元，增长2.3%；第三产业增加值

10959.00 亿元，增长 5.0%。三次产业结构为 2.0：29.9：68.1（经最终核实，2019 年杭州 GDP 修订为 15419.05 亿元，比上年增长 6.8%，三次产业增加值结构为 2.1：31.4：66.5）。人均生产总值从 2017 ~ 2020 年分别为 135113.00 元、140180.00 元、152465.00 元、136617.00 元；社会消费品零售总额分别为 5717.43 亿元、5715.33 亿元、6187.60 亿元、6055.47 亿元。

表 6 – 5　　　　　　　　　　杭州市经济发展主要指标

年份	生产总值（亿元）	类别				人均生产总值（元）	社会消费品零售总额（亿元）
		第一产业（亿元）	第二产业（亿元）	第三产业（亿元）	工业（亿元）		
2020	16106.00	326.00	4821.00	10959.00	4221.00	136617.00	6055.47
2019	15419.05	330.70	4735.07	10272.28	4288.42	152465.00	6187.60
2018	13509.15	305.51	4571.93	8631.71	4160.13	140180.00	5715.33
2017	12603.36	311.08	4362.48	7929.80	3968.13	135113.00	5717.43

资料来源：杭州市 2021 年统计年鉴。

从增长速度来看，杭州市生产总值 2018 年比上年增长 6.7%，2019 年增长 6.8%，2020 年增长 3.9%；第二产业分别增长了 5.8%、5.0%、2.3%；第三产业分别增长了 7.5%、8.0%、5.0%，增长趋势有些减缓（见图 6 – 2）。

杭州第二、第三产业势头发展较平稳，工业、建筑业、批发和零售业截至 2020 年分别达到了 4220.87 亿元、601.31 亿元、1272.35 亿元；信息传输、软件和信息技术服务业与科学研究、技术服务业分别由 2018 年的 2253.87 亿元增长到 2020 年的 3170.21 亿元，由 346.68 亿元增长到 462.33 亿元（见表 6 – 6）。另外杭州市重点发展数字经济，数字经济核心产业增加值 4290 亿元，增长 13.3%，高于 GDP 增速 9.4 个百分点，占 GDP 的 26.6%。电子信息产品制造、软件与信息服务、数字内容和机器人产业分别增长 14.7%、12.9%、12.7% 和 12.3%。规模以上工业中，高新技术产业、战略性新兴产业、装备制造业增加值分别增长 8.6%、8.1% 和 11.8%，分别占规模以上工业的 67.4%、38.9% 和 50.6%。[①]

————————

① 资料来源：《2020 年杭州市国民经济和社会发展统计公报》。

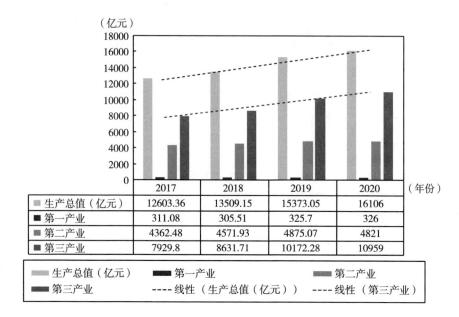

图6-2 杭州市三次产业发展及其趋势

	2017	2018	2019	2020
生产总值（亿元）	12603.36	13509.15	15373.05	16106
第一产业	311.08	305.51	325.7	326
第二产业	4362.48	4571.93	4875.07	4821
第三产业	7929.8	8631.71	10172.28	10959

表6-6　　　　　　　　杭州第二、第三产业发展统计情况　　　　　　单位：亿元

项目	2017年	2018年	2019年	2020年
工业	3968.13	4160.13	4288.42	4220.87
建筑业	395.84	413.36	588.30	601.31
批发和零售业	981.78	1050.76	1224.58	1272.35
交通运输、仓储和邮政业	341.60	371.28	397.88	392.25
信息传输、软件和信息技术服务业	2253.87	2471.81	2772.15	3170.21
金融业	1055.53	1196.92	1789.39	2038.49
房地产业	789.68	874.46	1057.04	1225.68
租赁和商务服务业	449.76	444.00	453.57	396.51
科学研究、技术服务业	346.68	392.30	473.52	462.33
居民服务、修理和其他服务业	163.64	176.99	89.24	89.50

资料来源：杭州市2021年统计年鉴。

从第一产业发展情况来看，杭州市2020年农、林、牧、渔业总产值为500.65亿元，比2019年下降0.1%。农业产值、林业产值、牧业产值、渔业产值、农林牧渔专业及辅助性活动产值分别为296.05亿元、

63.1 亿元、70.87 亿元、49.99 亿元、20.62 亿元（见表 6 - 7）。其中全年粮食总产量 50.9 万吨，增长 2.4%；蔬菜产量 346.3 万吨，增长 1.8%；水果产量 83.1 万吨，增长 0.6%；水产品产量 19.3 万吨，下降 4.8%；肉类产量 11.0 万吨，下降 44.0%。市级"菜篮子"基地 563 个，其中新建 21 个。新启动 4 个省级重点历史文化村、70 个美丽乡村精品村、9 个风情小镇。"大下姜乡村振兴联合体"入选全国 12 个乡村典型案例。农家乐（民宿）接待游客 7153 万人次，实现经营收入 65 亿元。农村电商销售额 165 亿元，增长 15.7%。[①]

表 6 - 7　　　　　　　　杭州第一产业发展情况　　　　　　　　单位：亿元

年份	农、林、牧、渔业总产值	农业产值	林业产值	牧业产值	渔业产值	农林牧渔专业及辅助性活动产值
2020	500.65	296.05	63.10	70.87	49.99	20.62
2019	501.15	295.34	61.89	76.77	48.57	18.58
2018	466.10	282.71	57.30	61.85	47.47	16.77
2017	457.70	273.88	54.91	68.58	45.32	15.00
2016	353.22	209.25	31.91	60.39	40.61	11.07

资料来源：杭州市 2021 年统计年鉴。

从杭州市的一般公共预算收入来看，预算收入总值从 2013 年的 945.2 亿元增长到 2020 年的 2093.4 亿元，总体增长比较平稳。增长速度从 2013 年的 9.9% 缓慢增长到 2016 年的 13.2%，到 2017 年达到峰值 17.4%，此后慢慢滑落到 2020 年的 6.5%（见图 6 - 3）。2020 年杭州市全员劳动生产率为 21.9 万元/人；规模以上工业全员劳动生产率 36.2 万元/人，比上年增长 1.6%。全年财政总收入 3854.2 亿元，增长 5.6%；一般公共预算收入 2093.4 亿元，增长 6.5%，其中税收收入 1978.6 亿元，增长 10.5%，占一般公共预算收入的 94.5%。一般公共预算支出 2069.7 亿元，增长 6.0%，其中民生支出 1583.6 亿元，占一般公共预算支出的 76.5%。[②]

①② 资料来源：《2020 年杭州市国民经济和社会发展统计公报》。

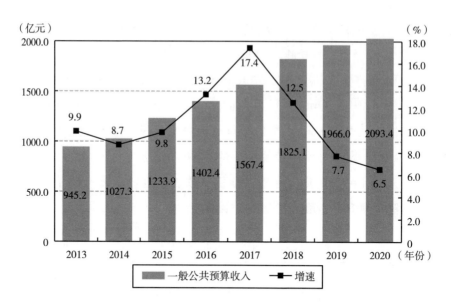

图 6 – 3　2013～2020 年一般公共预算收入及增速

6.2.2　杭州数字安防产业

2022 年 1 月 12 日，国务院发布《“十四五”数字经济发展规划》，对数字经济的定义进行了界定，“数字经济是继农业经济、工业经济之后的主要经济形态，是以数据资源为关键要素，以现代信息网络为主要载体，以信息通信技术融合应用、全要素数字化转型为重要推动力，促进公平与效率更加统一的新经济形态”[1]。与传统经济相比，数字经济的“经济基础”是信息技术[2]，其创新范式表现出明显的多元化、网络化和生态化特征[3]，大数据、智能算法、算力平台三大要素对于数字经济来说都是缺一不可的[4]。

---

①　国务院印发《“十四五”数字经济发展规划》[EB/OL]. 新华社，2022 – 01 – 12.

②　杨晓光，李三希，曹志刚，崔志伟，乔雪，翁翕，俞宁，张博宇. 数字经济的博弈论基础 [J]. 管理科学，2022（1）50 – 54.

③　李川川，刘刚. 数字经济创新范式研究 [J]. 经济学家，2022（7）：34 – 42.

④　石勇. 数字经济的发展与未来 [J]. 中国科学院院刊，2022（1）：78 – 87.

杭州是浙江省数字经济发展的核心区域，入选全国云计算服务创新发展试点示范城市，软件和信息技术服务业综合竞争力居全国大中城市前列。杭州龙头带动作用明显，根据杭州市统计局数据显示，2022 年，杭州数字经济核心产业增加值 5076 亿元，比上年增长 2.8%。数字经济核心产业制造业增加值 1180 亿元，增长 4.4%，其中，杭州数字安防产业集群已成为杭州数字经济和实体经济深度融合的创新范例①。"全球安防看中国，中国安防看杭州"，数字安防是浙江十大标志性产业链之首。杭州数字安防产业已形成由海康威视、大华技术、宇视科技、大立科技等龙头企业引领，大中小企业融通发展的产业格局。2021 年杭州泛安防产业总体规模超过 6000 亿元，成功入选工信部《先进制造业集群》（第二批），成为"国家先进制造业集群"中有望冲击"世界冠军"的集群之一。②

在政策支持方面，浙江省委、省政府印发了《浙江省培育先进制造业集群行动计划》《浙江高质量发展建设共同富裕示范区实施方案（2021 - 2025 年)》，提出加快形成数字安防等具有全球影响的数字产业集群。杭州市委、市政府出台《杭州市全面推进"三化融合"打造全国数字经济第一城行动计划（2018 - 2022 年)》《杭州市制造业产业基础再造和产业链提升工程实施方案（2020 - 2025 年)》《杭州市九大标志性产业链"链长制"工作方案》等文件，均提到要重点发展数字安防产业，为杭州市数字安防产业提供了良好的政策环境。③

1. 海康威视④

杭州海康威视数字技术股份有限公司是一家专业从事安防视频监控产品研发、生产和销售的高科技企业。其产品包括硬盘录像机（DVR）、视音频编解码卡等数据存储及处理设备，以及监控摄像机、监控球机、

---

① 2022 年杭州市国民经济和社会发展统计公报 [EB/OL]. 杭州市统计局，2023 - 03 - 22.
② 杭州安防产业数字生态聚势焕新 [EB/OL]. 市投资促进局，2022 - 11 - 10.
③ 肖莹. 杭州数字安防产业发展态势和展望 [J]. 数字经济，2022（8）：90 - 95.
④ 杭州海康威视数字技术股份有限公司. 2021 年年度报告 [EB/OL]. 搜狐新闻，2022 - 04 - 16.

视频服务器（DVS）等视音频信息采集处理设备。公司是国内视频监控行业的龙头企业，销售规模连续数年居于国内全行业第一位。

根据该公司 2021 年度报告显示，2021 年海康威视实现营业总收入814.20 亿元，比上年同期增长 28.21%；实现归属于上市公司股东的净利润 168.00 亿元，比上年同期增长 25.51%。公司研发投入 82.52 亿元，占公司销售额的比例为 10.13%。公司研发和技术服务人员超过 2 万人，继续保持较高的研发投入。

作为安防龙头，海康威视还在加速创新业务布局。目前，海康威视旗下有萤石网络、海康机器人、海康微影、海康汽车电子、海康存储、海康消防、海康睿影、海康慧影等八大创新业务，其创新业务在全公司的销售占比持续提升。① 其中萤石网络在智能家居摄像机、智能猫眼、智能门锁等智能家居产品的细分领域均处于市场领先地位。2022 年度，公司实现营业总收入 430631.38 万元，同比增长 1.61%；实现归属于母公司所有者的净利润 33307.26 万元；实现归属于母公司所有者的扣除非经常性损益的净利润 29518.66 万元②。

2. 大华技术③

浙江大华技术股份有限公司是我国安防视频监控行业的龙头企业，主要产品为嵌入式 DVR。公司以视频为核心的智慧物联解决方案提供商和运营服务商的战略定位，在 HOC 城市之心的基础上全新升级并发布了"Dahua Think#"战略，聚焦城市、企业两大业务领域。

根据 2021 年度报告显示，2021 年，大华技术实现营业收入 328.35 亿元，比上年同期增长 24.07%；实现扣除非经常性损益后的归属于上市

① 黄翔. 海康威视业绩快报低于市场预期 2022 年净利同比减少 23.65% ［N］. 证券时报，2023 - 02 - 17.
② 杭州萤石网络股份有限公司. 2022 年度业绩快报公告 ［EB/OL］. 萤石网络，2023 - 02 - 25.
③ 大华股份 2021 年年报发布营收达 328.35 亿元 ［EB/OL］. 日照日报资讯频道官方账号，2022 - 04 - 25.

公司股东的净利润 31.03 亿元，比上年同期增长 13.47%，实现稳健增长。公司每年以 10% 左右的销售收入投入研发，不断致力于技术创新。

人工智能是大华技术的核心战略之一，公司拥有国家级企业技术中心、国家级博士后科研工作站、浙江省企业研究院、浙江省工程研究中心，人工智能研发团队超过千人，累计获得 60 多项国内外人工智能算法竞赛评测第一，发表 100 多篇核心期刊论文，申请 1500 多项人工智能发明专利。①

6.3 宁波产业发展分析

6.3.1 宁波产业结构

宁波市产业发展良好，经济增长较快。作为浙江省的副省级城市，2020 年全市实现地区生产总值 12408.7 亿元，比 2019 年增长 3.3%。分产业看，第一产业实现增加值 338.4 亿元，增长 2.1%；第二产业实现增加值 5693.9 亿元，增长 3.0%；第三产业实现增加值 6376.4 亿元，增长 3.6%。三次产业之比为 2.7：45.9：51.4（见图 6-4）。

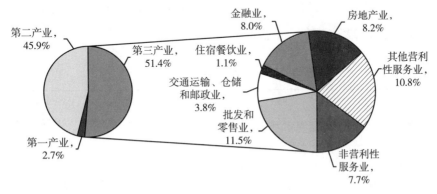

图 6-4　2020 年宁波市地区生产总值构成

注：两个饼图数值不相等，因第三产业只包括了主要部分。

资料来源：《2020 年宁波市国民经济和社会发展统计公报》。

① 2021 年度报告［EB/OL］．浙江大华技术股份有限公司，2022-04-15.

宁波市 2017 年、2018 年、2019 年的生产总值分别为 10146.55 亿元、11193.14 亿元、11985.12 亿元（见表 6-8）。从三次产业比来看，2017 年为 2.9∶50.5∶46.6，2018 年为 2.7∶49.2∶48.1，2019 年为 2.6∶48.3∶49.1；人均生产总值从 2017~2019 年分别为 170833.00 元、186570.00 元、197868.00 元；社会消费品零售总额分别为 3672.91 亿元、3964.39 亿元、4268.56 亿元。

表 6-8 宁波市经济发展主要指标

年份	生产总值（亿元）	类别				人均生产总值（元）	社会消费品零售总额（亿元）
		第一产业（亿元）	第二产业（亿元）	第三产业（亿元）	工业（亿元）		
2019	11985.12	322.27	5782.92	5879.93	5164.64	197868.00	4268.56
2018	11193.14	302.33	5507.15	5383.66	4898.77	186570.00	3964.39
2017	10146.55	297.05	5119.01	4730.49	4579.74	170833.00	3672.91

资料来源：《宁波统计年鉴-2020》。

宁波市第一产业中的农林牧渔业增长平稳，2017~2019 年分别为 3158257 万元、3170661 万元、3347191 万元。2019 年工业增加值为 51646365 万元，建筑业为 6257945 万元，批发和零售业为 13516897 万元，交通运输、仓储和邮政业为 5482386 万元，金融业为 9104983 万元，房地产业为 8225357 万元（见表 6-9）。

表 6-9 宁波市第一产业与其他重要产业情况 单位：万元

项目	2017 年	2018 年	2019 年
农林牧渔业	3158257	3170661	3347191
工业	46207720	49536683	51646365
建筑业	5023927	5578435	6257945
批发和零售业	10766986	11622583	13516897
交通运输、仓储和邮政业	4080749	4521858	5482386
金融业	5189091	5640840	9104983
房地产业	5459580	6029258	8225357

资料来源：《宁波统计年鉴-2020》。

　　另外，2018 年的信息传输、软件和信息技术服务业为 1375677 万元，租赁和商务服务业为 5323667 万元，科学研究、技术服务业为 1826952 万元，居民服务、修理和其他服务业为 939827 万元（见表 6 – 10）。

表 6 – 10　　　　　　　宁波市第二三次产业发展统计情况　　　　单位：万元

项目	2017 年	2018 年	2019 年
工业	46207720	48987663	51640365
建筑业	5023927	6155136	6257945
批发和零售业	10766986	12706955	13516897
交通运输、仓储和邮政业	4080749	5150837	5482386
信息传输、软件和信息技术服务业	1478955	1375677	
金融业	5189091	8432801	9104983
房地产业	5459580	7222636	8225357
租赁和商务服务业	4198165	5323667	
科学研究、技术服务业	1200944	1826952	
居民服务、修理和其他服务业	1307068	939827	

　　资料来源：《宁波统计年鉴（2020）》。

　　2020 年宁波市实现工业增加值 5045.6 亿元，比上年增长 3.6%。规模以上工业增加值增长 5.2%，其中民营企业增加值增长 7.1%。分行业看，在 35 个行业大类中，29 个行业增加值同比正增长。分经济类型看，国有企业增加值增长 3.9%，股份制企业下降 1.7%，有限责任公司增长 5.4%，私营企业增长 8.3%，外商投资企业增长 2.1%，港澳台投资企业增长 4.8%。全年全市规模以上工业企业完成销售产值 17608.6 亿元，增长 0.6%，其中出口交货值 3326.6 亿元，增长 0.2%。规模以上工业企业完成利税总额 2329.8 亿元，增长 11.4%，其中，利润总额 1552.7 亿元，增长 17.7%。全年全市规模以下工业增加值增长 2.7%。[①]

---

　　①　资料来源：《2020 年宁波市国民经济和社会发展统计公报》。

6.3.2　宁波生物医药产业分析

随着老龄化社会的到来及人民生活水平的提升，人们对健康生活的期望也越来越强烈。生物医药产业是大健康产业的重要分支，关系到所有人的生命健康。在宁波市生物医药产业集群发展规划（2021~2025年）中，"生物医药产业"主要包括医药制造（包括生物技术药、化学药、中药等）、高性能医疗器械（医学影像设备、体内植介入器械、体外诊断试剂、高值医用耗材、生物医药材料）等核心制造领域，以及医药合同研发服务和精准诊疗服务等核心生产性服务业。

宁波作为最具医药创新能力的地区之一，生物医药工业总体发展平稳，呈不断上升态势。截至2020年底，全市生物医药产业规上企业143家，规上工业总产值206.1亿元，同比增长20.9%，全年投入研发总费用同比增长19.7%。从医药制造领域看，全市拥有规上企业50家，常年正常生产的品种135个（有药品文号），列入国家基本药物目录品种76个，已形成包括化学原料药及制剂、中药及饮片，以及医用氧、药用胶囊的产业体系，化学药、生物疫苗领域优势突出。从生物医学工程领域看，拥有企业总数435家（有生产许可证的归类企业），在体外诊断试剂、磁共振医学影像设备、光学仪器和医用高分子材料等领域实力较强。① 可以看出，以宁波为代表的浙江省医药工业经济发展势头迅猛，具体而言，主要体现在以下几个方面。

1. 产业集聚发展格局明显

"引凤必先筑巢"，产业空间集聚对促进经济增长具有显著的正向作用，除了能共用基础设施外，知识溢出效应也是促进企业技术创新，提升区域竞争能力的关键所在。宁波在生物医药领域具有较好地产业基础，

---

① 关于印发《宁波市生物医药产业集群发展规划（2021－2025年）》的通知 ［EB/OL］. 宁波市经信局，2021－08－14.

产业集聚发展格局明显。

宁波前湾新区于 2019 年 7 月经浙江省政府批复同意成立，位于宁波市域北部，杭州湾南岸，是宁波对接上海的桥头堡。新区规划控制总面积 604 平方千米，目前常住人口 70 万，建设用地总规模达 272 平方千米。① 生命健康产业是前湾新区重点谋划打造的主导产业之一，新区已聚焦生物医药、医疗器械和健康产业链等三大领域，已集聚康龙化成、默沙东等生物医药领域高精尖企业，初步形成一批集研发、中试、生产、销售及应用为一体的现代生物医药产业平台。

经过多年培育，宁波前湾新区创新驱动发展成效显著，麟沣医疗科技产业园入选国家级众创空间，累计引进企业 31 家，国际首创产品占宁波市医疗器械领域 60% 以上，国内首创产品占宁波市医疗器械领域 40% 以上，孵化企业估值超过 150 亿元。② 其中，宁波健世科技股份有限公司在香港联合交易所有限公司主板挂牌上市，成为宁波第一家上市的独角兽企业。健世科技是一家致力于开发用于治疗结构性心脏病介入产品的医疗器械公司，并已开发出针对不同类型结构性心脏病的一系列治疗解决方案，拥有十种在研产品，涵盖各类型结构性心脏病的广泛产品管线。③

2. 龙头企业不断涌现，创新能力加强

在高端化进程中，生物医药行业的自主创新能力是转型升级的关键因素。宁波生物医药生产企业集聚，形成了一批拥有核心技术和高附加值的龙头企业，产品基本覆盖所有种类。在医疗器械领域，有美康生物、戴维医疗、康达洲际、海尔施基因等知名企业，其中美康生物、海尔施基因入选宁波市五十亿级大优强培育企业。在医药制造领域，美诺华药业、天衡制药、人健化学、荣安生物、大红鹰药业等龙头企业不断涌现，

---

① 宁波前湾新区基本情况介绍［EB/OL］. 发展和改革局. 2022 – 10 – 13.
② 宁波首家独角兽企业香港联交所上市［EB/OL］. 投资合作局，2022 – 10 – 13.
③ 卓松磊. 健世科技港交上市［N］. 前湾导刊，2022 – 10 – 12.

对本土创新药研发及中高端的医疗器械国产化起到了领航作用。

在"大力实施创新驱动发展战略"的指导下，宁波生物医药呈现加速增长的趋势，这应该归功于研发投入和技术创新，随着产品竞争力上升，抢占了更大的市场份额。2021年实现专利授权量72390件，同比增长19.5%，其中发明专利授权量7819件，同比增长46.4%；6项专利获第22届中国专利奖①。生物医药产业作为知识密集型的高新技术产业，在创新医疗方面也取得了显著成果。例如，宁波健信核磁技术有限公司自主研发的"1.5T无液氦超导磁体系统"被认定为国际首台（套）产品，让核磁共振仪摆脱对液氦的依赖。宁波健世科技股份有限公司研发的经静脉人工三尖瓣瓣膜系统通过国家创新医疗器械审查，填补了国内三尖瓣置换产品的空白。

3. 宁波制造业基础雄厚

宁波市被誉为"全国制造业单项冠军第一城"。根据《2021年宁波市国民经济和社会发展统计公报》数据，新增国家级制造业单项冠军企业（产品）18家，累计达63家，占全国比重为7.4%，稳居全国城市首位。新增国家级专精特新"小巨人"127家，累计182家，居全国城市第三位。②

医疗器械产业的科技含量高，涉及电子信息、生命健康、新材料、机械、塑料等行业。宁波凭借坚实的制造业基础，促使企业以改革创新、转型升级的方式来破解发展桎梏。以宁波新海科技集团有限公司为例，新海科技是中国打火机行业的知名企业，通过自主创新和并购，拥有了两个医疗器械全资子公司（宁波华坤医疗器械有限公司、深圳市尤迈医疗用品有限公司），转型跨入医疗器械行业。目前，新海核心业务打火机、医疗器械、精密塑料模具与制品，实现了多元化发展，并入选2021

---

① 王岚. 宁波去年发明专利授权量达7819件知识产权质押融资金额超百亿元［N］. 宁波日报，2022－04－27.

② 2021年宁波市国民经济和社会发展统计公报［EB/OL］. 宁波市统计局，2022－02－23.

年浙江省省级新一代信息技术与制造业融合发展试点示范企业名单。不过，企业跨行业转型是机遇与风险并存的。因此，企业的战略决策，即选择什么类型的产业就显得尤为重要。从新海科技的转型经验来看，公司擅长中小型精密模具制造，原产业和呼吸麻醉耗材、重症监护耗材等新产业之间有一定的相关性，都在精密塑料的基础进行研发创新。可见，运用资源优势以及技术上的相通性可以提高医疗器械企业转型的成功率。

4. 基层医疗机构对创新医疗器械的依赖度高

基层医疗机构作为创新医疗器械的主要使用载体，对创新医疗器械的依赖度较高（朱斐等，2016）。浙江是全国两个全省域推进紧密型医共体建设的试点省份之一，基层医疗机构呈现"数量增加、规模扩大、床位数上升、诊疗人数增多"的趋势。根据宁波市统计局数据显示，2021年，宁波基层年末全市共有医疗卫生机构4786家，医院198家，其中三级甲等医院8家，三级乙等医院11家。年末全市实有病床4.5万张，拥有各类专业卫生人员9.7万人，卫生技术人员8.3万人，其中执业医师（含助理）3.4万人，注册护士3.5万人。按户籍人口统计，每千人床位数、卫技人员数、执业医师（含助理）数和注册护士数分别达到7.3张、13.4人、5.5人和5.7人。[①] 在推进医疗器械的临床运用方面，浙江大学医学院附属第一医院、宁波市第二医院、绍兴市人民医院等应用示范基地，遴选优质的国产医疗器械，推动国产医疗器械产业发展及医联体协作。

一份浙江省首批定向培养全科医生的调查显示，自浙江全面推进县域医共体建设以来，医疗共同体成效初显，大多数全科医生自愿留在基层，在一定程度上缓解了基础卫生人才紧缺状况（张煜昊等，2020）。不难发现，"分级诊疗制度"的实施，一定程度上促进了国产医疗器械在基层医疗机构的配置，实现优质医疗资源下沉。宁波统计局开展的"2019

---

① 资料来源：宁波市统计局网站。

年健康宁波建设公众满意度调查"数据显示，市民对本地的健康养老、健康旅游、智慧医疗等健康产业的满意度评价得分为 81.2 分①。

5. 政府积极引导和推进

创新是生物医药产业的核心，人才、设备、技术等创新资源都离不开资金的投入，这时政府对企业的扶持就显得尤为重要。浙江省政府为了支持医疗器械行业的发展，出台了多项支持政策，包括《关于加快推进医药产业创新发展的实施意见》《关于加快生命健康科技创新发展的实施意见》《关于全面提升医疗器械监管能力促进产业高质量发展的通知》等。在推进技术成果转化方面，开展"浙江制造精品"认定及推广应用，在政府采购和公共资源交易中，不断提高"浙江制造精品"应用比重；优先推荐"浙江制造精品"重点推广目录产品申报省级优秀新产品、首台（套）产品评选与认定，并给予一定财政资金奖励度；推行首购首用、订购和定向招标采购制度等。

宁波市出台了《关于实施"246"万千亿级产业集群培育工程的意见》《关于抢抓机遇加快重点领域新兴产业发展的指导意见》等文件，明确要大力发展包括生物医药在内的战略性新兴产业。在此基础上，宁波出台产业扶持专项政策。2020 年 7 月市政府印发《宁波市关于加快推进生物医药产业发展的意见》，内容包括积极引育优质企业和项目、创新药械生产模式、支持企业研发创新、支持园区平台建设等方面内容。同时，编制医药产业集群发展规划。《宁波市生物医药产业集群发展规划（2021—2025 年）》中，明确了发展定位、总体目标、区域布局、重点任务等。规划提出到 2025 年，生物医药核心产业规模力争达到 1000 亿元，其中制造业产值达到 600 亿元，研发服务外包、检验检测等生产性服务业实现主营业务收入 400 亿元②。

---

① 资料来源：宁波市统计局网站。
② 关于印发《宁波市生物医药产业集群发展规划（2021 – 2025 年）》的通知 [EB/OL].
宁波市人民政府网站，2021 – 07 – 31.

6. 医疗器械数字化升级优势显著

2021 年 11 月，工业和信息化部、国家药品监督管理局联合印发《关于组织开展人工智能医疗器械创新任务揭榜挂帅工作的通知》，推动人工智能在医疗领域的融合应用，加速人工智能医疗器械新技术、新产品落地应用。实现人工智能与医疗器械的深度融合，推动智能化医疗器械，是未来医疗产业发展的新方向。

长三角地区作为大数据建设中心，带动了涵盖生物技术药、化学药、中药、医疗器械等快速发展。随着人工智能诊疗、医用机器人、可穿戴设备等产品在医疗领域的应用，对数字信息技术的要求越来越高。如上海复旦大学附属中山医院联合上海微创、逸思医疗等企业共同组建"上海结直肠肿瘤微创工程技术研究中心"，研发国产机器人设备器械。杭州深睿博联科技有限公司生产的"肺结节 CT 影像辅助检测软件"获批上市，这是浙江省首个人工智能医疗器械产品，可实现 4 毫米及以上肺结节的自动检出，显著提升了临床疗效。可以发现，实现人工智能与医疗器械的深度融合，推动智能化医疗器械，是未来医疗产业发展的新方向。

顺应数字经济发展趋势，宁波数字产业与制造业融合发展成效显著，2021 年规模以上工业中，人工智能产业、数字经济核心产业增加值分别增长 21.3%、17.5%[1]。2021 年 3 月 27 日，"城市大脑"正式启用运营，作为宁波数字化改革重大标志性工程实现了"两个全国首创"——首创建立大数据领域的"城投""开投""交投"新模式及首创新媒体操盘"数投"的新模式。因此，宁波在健康监测和智能化医疗设备等方面积累了丰富的经验，医疗器械向数字化、智能化转型优势明显。

综上所述，医药产业在做好做强仿制药的基础上，以生物工程技术促进生物制药和中成药的创新发展。2020 年 8 月，宁波市政府出台《加快推进生物医药产业发展的意见》，将中药产业作为全市生物医药产业集

---

① 资料来源：《2021 年宁波市国民经济和社会发展统计公报》。

群的重要内容。宁波有 9 家规模以上中药制剂企业，包括立华制药、中药制药、明贝中药、绿之健药业、大昌药业等。在创新药研发上，要发扬中医的传统优势，发展特色产业。为此，抓住一体化机遇，不断提高科技创新能力，才能实现传统中医药企业向创新型企业的转型升级，全面推动长三角地区的大健康产业发展。

另外，医疗器械生产企业要结合临床需求进行研发，从单一卖"医疗设备"，向"AI + 硬件 + 软件"数字化服务转型。以智能可穿戴式设备为例，可以用于疾病的预防和治疗，尤其适合患有冠心病、糖尿病、高血压等慢性疾病的人群，佩戴者可以对自己的健康状态进行实时监测，医生也可以通过远程数据提出相应的治疗方案。同时，加强对优质国产创新医疗器械的示范应用，发挥三甲大医院的带头作用，依托浙江大学医学院附属第一医院、宁波市第二医院、绍兴市人民医院等应用示范基地，遴选优质的国产医疗器械。通过"互联网 + 医疗"的方式，将省市级的人力资源、医用设备等优质医疗资源，下沉到基层医疗机构，推动国产医疗器械产业发展及医联体协作。

总之，生物医药行业的发展前景不可估量，浙江医疗器械产业的逐渐发展壮大，如医用卫生辅料、体外诊断试剂、植入式心脏瓣膜、PET-CT 等产品领域优势明显，未来将成为经济发展新的增长点。浙江生物医药产业逐渐发展壮大，整体来看，要逐步缩小与国外的差距，并最终实现国产替代进口的目标，都必须在自主创新上有所发展和突破。

6.4 温州产业发展分析

6.4.1 温州产业结构

温州市产业总体发展较为合理，经济保持平稳增长。2020 年全市实现地区生产总值 6870.86 亿元，比 2019 年增长 3.4%（见表 6-11）。分产业看，第一产业实现增加值 159.29 亿元，增长 2.3%；第二产业实现增加值 2834.53 亿元，增长 3.1%；第三产业实现增加值 3876.56 亿元，增长 3.7%。三次产业之比为 2.3∶41.3∶56.4。

表 6-11　　　　　　　　温州市经济发展主要指标

年份	生产总值（亿元）	类别				人均生产总值（元）
		第一产业（亿元）	第二产业（亿元）	第三产业（亿元）	工业（亿元）	
2020	6870.86	159.29	2834.53	3876.56	2268.40	71776.00
2019	6608.02	151.41	2784.64	3671.97	2274.87	69256.00
2018	6039.77	142.22	2638.06	3259.49	2143.26	63573.00
2017	5412.13	140.33	2336.69	2935.12	1898.63	57220.00
2016	5125.01	132.29	2234.36	2758.36	1860.13	54461.00

资料来源：温州市 2021 年统计年鉴。

从生产总值的增长趋势来看，温州市从 2016~2020 年增长较为平稳，增长曲线较为平直，增长速度出现一定的下滑。人均生产总值由 2016 年的 5125.01 元增长到 2020 年的 6870.86 元（见图 6-5）。

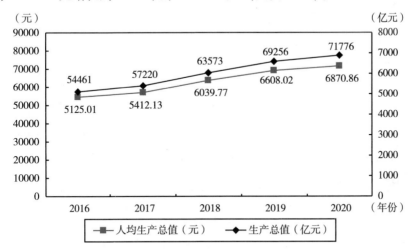

图 6-5　温州市地区生产总值与人均生产总值比较

温州市的第一产业中的农林牧渔业增长幅度较小，从 2017~2020 年分别为 142.75 亿元、144.79 亿元、154.19 亿元、162.81 亿元。2020 年工业增加值为 2268.40 亿元，建筑业为 568.41 亿元，批发和零售业为

950.22 亿元，交通运输、仓储和邮政业为 187.37 亿元，金融业为 472.92
亿元，房地产业为 595.91 亿元（见表 6-12）。

表 6-12　　　　　　　温州市第一产业与其他重要产业情况　　　　　　单位：亿元

项目	2017 年	2018 年	2019 年	2020 年
农林牧渔业	142.75	144.79	154.19	162.81
工业	1898.63	2143.26	2274.87	2268.40
建筑业	439.20	496.21	512.05	568.41
批发和零售业	770.03	844.46	933.78	950.22
交通运输、仓储和邮政业	162.38	169.54	191.80	187.37
金融业	340.88	392.68	427.50	472.92
房地产业	402.82	459.96	520.20	595.91

资料来源：温州市 2021 年统计年鉴。

另外，2019 年温州市第二三次产业发展中信息传输、软件和信息技
术服务业为 111.03 亿元，租赁和商务服务业为 191.23 亿元，科学研究、
技术服务业为 77.76 亿元，居民服务、修理和其他服务业为 180.87 亿元
（见表 6-13）。

表 6-13　　　　　　　温州市二三次产业发展统计情况　　　　　　单位：亿元

项目	2017 年	2018 年	2019 年	2020 年
工业	1898.63	2143.26	2274.87	2268.40
建筑业	439.20	496.21	512.05	568.41
批发和零售业	770.03	844.46	933.78	950.22
交通运输、仓储和邮政业	162.38	169.54	191.80	187.37
信息传输、软件和信息技术服务业	91.44	101.50	111.03	
金融业	340.88	392.68	427.50	472.92
房地产业	402.82	459.96	520.20	595.91
租赁和商务服务业	136.61	159.94	191.23	
科学研究、技术服务业	61.29	68.55	77.76	
居民服务、修理和其他服务业	118.97	131.77	180.87	

资料来源：温州市 2021 年统计年鉴。

温州市产业结构不断优化，供给侧结构性改革进一步深化。2020 年

规模以上工业中，八大高耗能行业增加值增长 6.5%，按可比价格计算占 19.8%。规模以上工业企业实现利润 319.7 亿元，增长 13.4%，其中战略性新兴产业、数字经济核心产业制造业利润总额分别增长 27.7%、14.6%。全年规上工业全员劳动生产率达 16.2 万元/人，同比提高 9.5%。规模以上服务业企业营业收入 639.1 亿元，增长 3.9%；利润总额 86.9 亿元，增长 4.4%。年末规模以上工业企业资产负债率为 51.3%；全年规模以上工业企业每百元营业收入中的成本为 82.2 元，下降 0.3 元。工业技改投资、高新技术产业投资、生态环保城市更新和水利设施投资分别增长 26.4%、20.3%、5.0%。①

温州乐清电气产业集群，拥有正泰、天正电气、人民电器等领导型企业，在技术创新方面取得了显著的成果。正泰电器凭借"数字化转型的示范标杆"成功入选"2020 浙江民营上市企业高质量发展创新案例"。人民集团拥有人工智能大数据研究院、北斗 5G 半导体研究院、新能源新材料研究院、金融研究院、院士平台五大研究院。天正电气建设有国内首家与国际接轨的第一方实验室暨国家级实验室——"低压电器测试中心"；"天正科技研发中心"是经浙江省政府确认的"省级技术中心"。区域内创新环境良好，乐清电气产业集群于 2021 年成功入围国家先进制造业集群创建榜单，成为全国唯一以县域为主导的制造业集群。

6.4.2 温州电气产业

乐清市位于浙江省东南沿海，为温州市所辖，南距温州市 63 千米，北距省会杭州 248 千米。乐清市经济发达，是中国市场经济发育最早、经济发展最具活力的地区之一。南部柳市地区是中国著名的低压电器之都，温台模式的发源地。②

---

① 资料来源：《2020 年温州市国民经济和社会发展统计公报》。
② 资料来源：乐清市人民政府网站。

乐清拥有电气企业超 1.4 万家，规上电气企业 1064 家，2021 年实现工业总产值 1399 亿元，占国内低压电气市场份额的 65%。集群覆盖电力能源输电、变电、配电等 200 多个系列、6000 多个种类、2.5 万个型号产品，其产业规模和企业数量位居国内同行之首。①

2021 年 3 月，乐清电气产业集群成功入选国家先进制造业集群创建榜单，是唯一一个以县域为主导的制造业集群。先进制造业集群是指在一个区域里围绕先进制造领域密切联系的企业和机构合作共生的网络化产业组织形态，是制造业高质量发展的重要标志。

1. 龙头企业带动作用显著

温州乐清电气产业集群，拥有正泰、德力西、人民电器集团等领导型企业，在技术创新方面取得了显著成果。

正泰电器作为中国首家以低压电器为主营业务的 A 股上市公司，积极推进"一云两网"战略布局，持续分阶段推进大数据、物联网、人工智能与制造业的深度融合，着力打造平台型企业，引领行业发展新风向。正泰电器凭借"数字化转型的示范标杆"成功入选"2020 浙江民营上市企业高质量发展创新案例"，这标志着企业多年的数字化转型探索、理念和成效等得到了行业和社会的充分认可。

人民电器集团是中国 500 强企业、世界机械 500 强企业，是第一批荣获全国质量奖企业。人民电器是全球智慧电力设备全产业链系统解决方案提供商，产品畅销全球 125 多个国家和地区的公司，并在东亚、中东地区、北美、欧盟等 50 多个国家建立了分支机构。

德力西集团连续 21 年荣登中国企业 500 强。集团拥有全国同行业生产企业首家国家企业技术中心和博士后科研工作站，旗下 6 家企业被认定为"高新技术企业"，先后 3 次荣获"国家科技进步奖"。产品服务于国防、冶金、交通、石油、化工等十几个重点行业的重大工程及援外项

---

① 乐清：温州市乐清电气集群入选国家先进制造业集群名单［EB/OL］. 温州市经济和信息化局，2022 - 12 - 05.

目，成功助力"神舟""嫦娥""北斗"卫星导航系统等重大工程，被评为"天宫一号/神舟八号首次交会对接任务贡献单位"。

2. 不断完善的科技创新平台体系

科技创新平台是整合集聚科技资源、具有开放共享特征、支撑和服务于科学研究和技术开发活动的科技机构或组织（陈志辉，2013）。科技创新平台是科技基础设施建设的重要内容，连通政府、高校、科研院所和企业，集聚了知识、人才、技术、政策和信息等多种创新资源（盛亚等，2022）。按主体异质性划分，分为政府主导型、企业主导型、第三方主导型及混合型（钟天涯，2015）。

温州乐清在科创平台建设方面取得了一定成绩，长三角电气工程师创新中心、温大乐清工业研究院、杭电乐清创新院、省智能电气制造业创新中心、高端精密制造服务中心等公共技术服务平台的优势，形成"众创空间—孵化器—加速器—科创园"孵化培育的全链条。可以看出，通过整合提升创演众创空间、科技孵化创业中心、智能装备科技加速器、电力科技创新中心等一批平台资源，为加速科技成果转移转化、推动乐清低压电气产业转型升级提供了有力支撑。

例如，温大乐清工业研究院与浙江美硕电气科技股份有限公司共建继电器短路冲击联合实验室，可以实现继电器产品短路冲击试验电流智能相位控制等技术内容。

3. 乐清电气"全产业链"完整

"全产业链"是指全产业链是为同一个生产任务有目的设计的多环节、多种类、多功能有机结合的、协同运作的组织，有利于管理信息和技术创新的共享（黄光灿，2019）。

乐清电气行业产业链发展完善，本地配套化率可达85%以上，有"一小时"供货闭环，即不管工厂是上新产线亟须某个模具，还是企业研发新产品要找某种关键零部件，只要跑一趟市场或打几个电话，不用

1 个小时，就能拿到相匹配的产品（潘秀慧和陈赛宽，2022）。

在正泰电器、天正电气、德力西等龙头企业的牵引下，带动了模具制造、基础零部件、产品设计、物流、营销网络等产业的协调发展，使得电气产业链得以更加延长和完善，推动整个电气产业趋向成熟。在全省数字化改革背景下，乐清运行"智能电气产业大脑"，搭建了从设计端到用户端的全链条、一站式数字化转型应用场景，通过线上评估导入服务、线上共性 SaaS 服务、线下咨询实施服务等，实现了设计研发、供应链协同、智能制造、销售网络、运维服务、金融服务等"六大协同"。①

6.5 绍兴产业发展分析

6.5.1 绍兴产业结构

绍兴市产业结构逐步优化，经济保持稳步增长。2020 年绍兴市实现地区生产总值 6000.67 亿元，前四年（2016 年、2017 年、2018 年、2019 年）分别为 4789.03 亿元、5078.37 亿元、5382.72 亿元、5780.74 亿元（见表 6 - 14）。分产业看，第一产业增加值为 219.26 亿元，增加 2.2%；第二产业增加值为 2711.76 亿元，增长 1.8%；第三产业增加值 3069.64 亿元，增长 5.0%。三次产业结构为 3.6：45.2：51.2，三产比重首次超过 50%。2016 ~ 2019 年的产业结构比分别是：4.3：50.1：45.6，4.1：48.7：47.2，3.6：48.9：47.5，3.6：47.9：48.5。一二产业的比重逐渐下降，三产业的比重逐年上升，产业结构趋于合理化。

---

① 方建永. 智能电气产业大脑："智变"产业生态［J］. 信息化建设，2022（5）：26 - 28.

表 6 – 14 绍兴市经济发展主要指标 单位：亿元

| 年份 | 生产总值 | 类别 | | | | 建筑业 |
		第一产业	第二产业	第三产业	工业	
2020	6000.66	219.26	2711.76	3069.64	2244.89	468.03
2019	5780.74	208.40	2770.77	2801.56	2325.64	446.07
2018	5382.72	196.04	2629.69	2556.99	2190.09	440.48
2017	5078.37	207.54	2472.50	2398.33	2138.21	337.65
2016	4789.03	207.66	2398.27	2183.11	2094.70	306.95

资料来源：绍兴市 2021 年统计年鉴。

2020 年规模以上工业增加值 1552 亿元，比上年增长 4.9%，增速居全省第五位。另外有资质等级的总承包和专业承包建筑业企业全年实现总产值 4528 亿元，比上年下降 3.3%。新开工装配式建筑 937.45 万平方米，占新建建筑比例 31[①]。

绍兴市 2019 年交通运输、仓储和邮政业为 149.67 亿元，信息传输、软件和信息技术服务业为 188.32 亿元，房地产业为 443.58 亿元，租赁和商务服务业为 294.00 亿元，科学研究、技术服务业为 44.11 亿元（见表 6 – 15）。

表 6 – 15 绍兴市二三次产业发展统计情况 单位：亿元

项目	2016 年	2017 年	2018 年	2019 年
工业	2094.70	2138.21	2190.09	2325.64
建筑业	306.95	337.65	440.48	446.07
交通运输、仓储和邮政业	100.67	99.06	117.05	149.66
信息传输、软件和信息技术服务业	156.65	164.09	184.77	188.32
房地产业	33.97	77.70	109.63	443.58
租赁和商务服务业	641.45	644.14	686.27	294.00
科学研究、技术服务业	38.46	37.27	40.42	44.11

资料来源：绍兴市 2021 年统计年鉴。

根据表 6 – 16 中的统计数据可以看出，从 2018 ~ 2020 年绍兴市规模以上工业主要产品纱、布、领带、袜子、合成纤维聚合物、滚动轴承呈

---

① 资料来源：《2020 年绍兴市国民经济和社会发展统计公报》。

现下降趋势，分别由 2018 年的 20.74 万吨、16.06 亿米、13108.8 万条、63.30 亿双、134.65 万吨、57705 万套下降到 2020 年的 15.94 万吨、11.78 亿米、2300.0 万条、28.78 亿双、120.61 万吨、57106 万套。但是根据绍兴市 2020 年统计公报的数据发现，规模以上工业中高新技术产业增加值比上年增长 6.1%，占比 53.7%；数字经济核心产业制造业增加值增长 10.2%。规模以上工业五大传统制造业增加值增长 2.6%。规模以上工业利润总额 519 亿元，比上年增长 14.9%。其中，医药制造业、高端装备制造业、新材料分别增长 129.7%、40.2%、18.6%。规模以上工业营业收入利润率 8.2%，提高 1.3 个百分点。

表 6-16　　　　　　　　绍兴市规模以上工业主要工业产品产量

指标	单位	2018 年	2019 年	2020 年
纱	万吨	20.74	17.65	15.94
布	亿米	16.06	13.37	11.78
印染布	亿米	164.02	203.99	215.12
领带	万条	13108.8	4404.50	2300.0
袜子	亿双	63.30	31.10	28.78
合成纤维聚合物	万吨	134.65	124.33	120.61
化学药品原药	万吨	6.87	11.64	11.13
滚动轴承	万套	57705	72835	57106
黄酒	万升	33706	30722.1	—
伞类制品	万把	13120	11578	—
珍珠饰品	亿元	10.9	3.31	—
交流电动机	万千瓦	3086.32	3471.45	3500
太阳能电池	万千瓦	82.11	23.81	24.86
电光源	万只	6588.1	10914	14600

资料来源：绍兴市 2021 年统计年鉴。

6.5.2　绍兴特色产业

2018 年浙江省印发了《浙江省加快传统制造业改造提升行动计划(2018—2022 年)》，提出了纺织行业优化升级的重点方向"加快向高端、智能、绿色、集聚方向发展。加强无水少水印染、高速低成本数码印花技术、功能性面料整理技术的研发与应用。重点发展高质量纺织面料、高端丝绸和家纺产品，扩展产业用纺织品应用"。① 《纺织工业"十四五"发展规划》把推进品牌时尚建设作为一个重要的发展目标，提出"培育一批科技创新能力高、时尚消费引领能力强、国际竞争优势明显的优质品牌。纺织行业与中华优秀文化、开放多元文化进一步融合，提升行业文化软实力"。② 浙江省经信厅公布了 2021 年度"浙江制造精品"名单，浙江港龙织造科技有限公司的"自由裁针织成品布"；浙江古纤道绿色纤维有限公司的"高效低耗纤维级高粘聚酯切片"；浙江东进新材料有限公司的"防水透湿功能性面料"等"绍兴制造"上榜。③ "浙江制造精品"旨在重点选择一批具有自主知识产权和自主品牌、技术水平高、附加值大、产业能级高、带动作用强的产品，以提升企业市场竞争能力和产业整体水平，加快浙江产业转型升级和新兴产业培育发展。

由此可见，推进纺织业产业结构调整，提升传统纺织制造业迫在眉睫，自主品牌作为纺织服装企业的无形资产，品牌竞争力越高，企业的核心竞争力也就越强。纺织行业是绍兴传统优势产业，占浙江省纺织产业规模总量的 1/3④。绍兴纺织产业链完整，纱、布、印染布、领带等门类齐全。

1. 纺织产业集群布局合理，特色鲜明

纺织产业集群在提高竞争优势、分工专业化、降低创新成本及优化资源配置等方面作用显著，是促进现代纺织产业发展的重要举措。绍兴现代纺织产业集群是全国规模最大的纺织产业集群地。2020 年 7 月，绍兴现代纺织产业集群被中华人民共和国工业和信息化部列入 2020 年先进

① 浙江省人民政府关于印发浙江省加快传统制造业改造提升行动计划（2018—2022 年）的通知 ［EB/OL］. 浙江省政府办公厅，2018 – 05 – 17.
② 纺织行业"十四五"发展纲要 ［EB/OL］. 中国纺织工业联合会，2021 – 06 – 11.
③ 浙江省经济和信息化厅关于公布 2021 年度"浙江制造精品"名单的通知 ［EB/OL］. 浙江省经信厅，2022 – 03 – 21.
④ 王旭东. 全行业首创！绍兴成立现代纺织产业链共同体 ［EB/OL］. 浙江新闻客户端，2020 – 12 – 31.

制造业集群名单。

绍兴的纺织服装产业涵盖化纤、织造、印染、服装家纺等多个环节，纺织产业数量、市场占有率达到国际国内先进水平，是产业链完整的优势产业之一。

上游，绍兴拥有化纤（PTA）、聚酯纤维、蚕丝、棉纱等纺织原料企业，且保持着较强的技术研发能力。浙江古纤道绿色纤维有限公司位于绍兴市，是集改性聚酯切片、差别化涤纶工业长丝研发、生产、销售于一体的国家高新技术企业，开发的液相增粘熔体直纺涤纶工业丝生产技术项目，能大幅降低生产能耗，减少碳排放。

中游，印染产业集聚的柯桥蓝印时尚小镇位于滨海工业区（马鞍镇），以绿色印染为支柱、以时尚文旅为支撑、以产城融合为方向的时尚产业类特色小镇，共有印染产业基地、特色工业区、生活配套服务区、蓝印时尚核心区及江滨特色休闲区五大区域。柯桥的蓝印时尚小镇，连续2年获评全省优秀培育类小镇，2020年被列入第六批省级特色小镇创建名单，已成为全国传统产业改造提升的示范区之一。

下游，服装、袜子、领带、家纺等产业实现集群发展、错位发展。例如，洁丽雅集团是一家集纺纱、染整、织造、营销、物流于一体，以毛巾系列产品为核心主业，内衣、内裤、袜子、家居用品多品类发展的公司。"洁丽雅"品牌已经成为中国毛巾行业领先品牌，"洁丽雅"品牌毛巾系列产品连续多年全网市场占有率第一。巴贝领带是一家以高档桑蚕丝为主要生产原料，集领带织造、染整等于一体的领带生产企业，其核心品牌"巴贝"是中国名牌产品和全国行业性标志品牌，巴贝公司又是法国"Pierre Cardin"领带、丝巾中国区设计、生产、经营的唯一总代理。

2. 腾笼换鸟，产业结构升级明显

一直以来，印染产业存在高耗能、高成本、高污染等问题，绍兴不断拓宽创新发展路径。从2016年起，绍兴市全面启动了印染企业的整治提升工作，2月出台《加快印染产业提升促进生态环境优化工作方案》，对印染产业提出了 20 项主要任务。随后,《绍兴市印染行业落后产能淘汰标准(试行)》《绍兴市印染行业先进工艺技术设备标准》《绍兴市印染行业绿色标杆示范企业标准》和《绍兴市印染企业提升环保规范要求》等一系列印染行业提升标准纷纷出台。在新发展理念的指引下,绍兴印染产业跨区域集聚提升效果显著,柯桥区开展多轮整改,通过"整合集聚一批、退出淘汰一批、兼并重组一批",全区印染企业数量由集聚前的 212 家整合成 109 家,并全部落户滨海工业区。越城区 32 家印染企业整合成"飞越""国周""七色彩虹""龙翔""鸿大"五大印染组团也跨区落户印染聚集区。绍兴传统纺织印染产业转型升级效果显著,2021 年印染产业实现增加值 217.1 亿元,同比增长 37.1%,预计 2022 年新增产值 100 亿元,有望实现总量规模、亩均产值、亩均税收全部翻番①。与此同时,绍兴柯桥区启动首个国家重点研发计划"印染废水近零排放及资源化利用技术研究及示范"项目,并在浙江迎丰科技股份有限公司试点落地。这一项目由津膜科技联合浙江大学、天津工业大学等 9 家单位进行研发②。

绍兴的织造印染行业以科技创新为突破口,致力于节能减排,具有明显产业特色和较强国际竞争力,成为全国最大的绿色印染基地。迎丰科技、中漂印染、乐高实业、东盛印染等一批行业龙头企业,实现了经济效益与降能排污的双赢目标。迎丰科技(605055)作为主板首家以印染服务为主营业务的上市公司,是绍兴市首批绿色印染标杆企业和首家印染行业国家高新技术企业,获评省"两化融合"国家综合性示范项目、国家级"绿色工厂"等称号。乐高实业是绍兴市首批共 7 家绿色标杆企业之一,是柯桥区印染行业首家新三板挂牌企业。引进"无水印染"设备,不仅可以使生产过程综合用水减少 50%,蒸汽用量减少 50%,助剂使用量减少 40%,产品附加值反而能提升 30% 以上③。在工业和信息化

---

① 苗丽娜,高喆,樊琦. 绍兴印染产业"散装"变"集装"[N]. 浙江日报,2022 – 03 – 23.

② 王佳,杜珊珊. 柯桥启动印染废水近零排放项目一张膜滤出污染物 [N]. 浙江日报,2020 – 09 – 03.

③ 孙良,马钦华. 产量下降了利润增长了柯桥"染缸"掀起绿色革命 [N]. 浙江日报,2018 – 09 – 12.

部办公厅公布的"2021年度绿色制造名单"中，浙江富润纺织有限公司（诸暨市）入选绿色工厂名单。绿色工厂是指"实现用地集约化、生产洁净化、废物资源化、能源低碳化的工厂"。公司大力发展循环经济，兴建清污分流和中水回用系统，节约用水，保护水资源，被评为国家第一批节水标杆企业。公司的精梳毛涤混纺面料产品还获得了中国绿色产品认证证书。

3. 专业市场发展迅速

中国轻纺城已成为全球规模最大、经营品种最多的纺织品集散中心，市场群总建筑面积达390万平方米，经营3.2万余户，市场日客流量10万人次。中国轻纺城与全国近一半的纺织企业建立了产销关系，全球每年有1/4的面料在此成交。① 2022年，轻纺城市场群实现成交额2501.76亿元，同比增长6.96%，其中面料市场成交额1826.38亿元，同比增长8.38%；轻纺城网上实现成交额809.13亿元，同比增长15.31%，线上线下成交额突破3300亿元。②

领带服装产业是嵊州的传统产业和主导支柱产业之一，领带产量占全国90%、世界60%，被列入省（领带）产业集群跨境电子商务发展试点县市，链轮、皮带轮产量占全国60%以上，是"中国小功率电机生产基地"③。到2022年，领带服装产业累计完成设备投资8亿元以上，实现产值180亿元以上（比2018年度增长60%以上），实现税收5.5亿元以上（比2018年度增长35%以上）④。

在产业创新方面，工厂化养蚕技术被评为全国十大颠覆性创新成果之一，省蚕蜂资源利用与创新研究重点实验室落户运行⑤。巴贝集团以领

---

① 顾建光. 多业态联动视角下专业市场转型升级研究——以中国轻纺城市场为例 [J]. 纺织服装周刊，2023（7）：14 - 15.
② 杜珊珊. 中国轻纺城市场 成交额再创新高 [N]. 绍兴日报，2023 - 01 - 18.
③ 资料来源：嵊州市人民政府网站.
④ 嵊州市人民政府办公室关于印发《嵊州市领带服装产业三年改造提升实施方案（2020 - 2022）》的通知 [EB/OL]. 嵊州市人民政府办公室，2020 - 03 - 10.
⑤ 2022年政府工作报告 [EB/OL]. 嵊州市人民政府办公室，2022 - 02 - 28.

带起家，目前是全球规模最大的高档领带生产企业之一，同时也是亚洲地区最大的真丝色织提花面料生产基地①。工厂化养蚕模式克服了传统养蚕受季节、气候等的限制，并在蚕种改良、饲料配方、饲料加工、高密度饲养工艺及机械化配套饲养工艺、蚕具开发等方面进行创新，极大地提高了蚕桑的生产效率和经济效益②。

大唐街道素有"国际袜都"之称，是世界袜业生产制造中心。2015年，大唐"袜艺小镇"作为浙江省首批特色小镇正式启动建设，着力打造全球唯一的以袜子为图腾的特色小镇、全球最先进的袜业制造中心、全球最顶尖的袜业文化中心、全球唯一的袜业旅游目的地。2018年2月，该小镇正式命名为浙江省特色小镇，也是诸暨市唯一命名的省级特色小镇；2019年，大唐袜艺小镇荣膺全国最美特色小镇50强第5位，袜业区域品牌价值估值达1100亿元。③近年来，袜业掀起了数字化升级的浪潮。2022年，绍兴市诸暨市"袜业行业产业大脑"项目成功入选浙江省第二批工业领域行业产业大脑建设试点名单。对于数千家袜企和十几万的袜业从业人员来说，想要了解关于袜业产业的一切，只需下载"袜业产业大脑"的App④。

4. 产学研合作，搭建产业创新平台

产学研深度合作的模式是推进现代纺织产业科技创新的关键所在，一直以来，绍兴都把"人才强市、创新强市"作为首位战略，绍兴科创大走廊被纳入浙江省经济社会发展"十四五"规划，实施"名士之乡"英才计划、特支计划等重大人才工程，使得创新要素集聚作用进一步凸显，纺织行业的创新生态环境也得到了不断改善。例如，鉴湖实验室、

---

① 陈墨. 嵊州巴贝集团成功推出工厂化养蚕技术 [J]. 纺织服装周刊, 2019 (5): 36 - 36.

② 董久鸣, 潘美良, 吴海平. 加快推进蚕桑产业转型发展的思考——巴贝工厂化养蚕的探索与启示 [J]. 蚕桑通报, 2018 (2): 14 - 16.

③ 资料来源: 诸暨市人民政府网站.

④ 徐艺航. 实地探访诸暨袜业: 一条街道供全球, "大唐"的生命力何来 [N]. 第一财经日报, 2023 - 03 - 09.

浙江省清洁染整技术研究重点实验室、印染工程师协同创新中心、中科大绍兴新材料研究院等创新平台的建设，为绍兴纺织产业的高质量发展蓄力赋能。

柯桥区政府与浙江理工大学共建的浙江省现代纺织技术创新中心（鉴湖实验室）成功入选全省首批六家省级技术创新中心。省现代纺织技术创新中心主攻纤维材料与制备技术、纺织成型与绿色创制、纺织装备与智能制造等三大方向，致力于建设面向现代纺织产业的纺织材料绿色智能加工技术高能级技术创新平台。

浙江省清洁染整技术研究重点实验室，由绍兴文理学院和浙江省现代纺织工业研究院联合共建，以现代染整基础理论、纺织品清洁染整共性技术和纺织品、染料与助剂检测技术等为主要研究方向。在分散染料新型疏水性纤维染色构效关系、天然色素的吸附机理与染色性能、分散/活性涤棉织物一浴法染色理论与技术、九分色数码喷墨印花等方面研究取得较大的成效。印染工程师协同创新中心是创新创业、协同共享、招才引智的公益性服务平台，配套建设工程师工作室、研发实验中心、检验检测中心、技术交流中心、共享打版中心等。中心注册入库的工程师覆盖染整技术、时尚设计、机械装备、绿色环保等多个专业领域。开展"百名工程师进百企"等活动，让工程师深入企业车间，为企业提供技术服务，解决企业技术难题，提升绍兴纺织行业的核心竞争力。

浙江省纺织袜业科技创新服务平台是浙江省第一个服务于特色小镇的行业性创新平台，由大唐纺织科技开发有限公司、浙江洁丽雅股份有限公司、西安工程大学、中原工学院、绍兴文理学院5家单位建设。平台依托5个中心（纺织袜业技术研发中心、袜业产品质量检验中心、纺织袜业创意设计中心、科技成果转移转化中心、纺织人才教育培训中心），开展以"人才、学科、科研、生产、经营"五位一体为核心的公共服务平台。

5. 不断完善知识产权监管服务

一直以来，绍兴市很重视知识产权保护工作，发布《关于坚持和发展新时代"枫桥经验"构建知识产权纠纷人民调解体系的通知》；出台《绍兴市知识产权质押融资政策性风险补偿管理办法》《"万亩千亿"产业知识产权全生命周期"一件事"改革实施方案》。根据《2022 年绍兴市国民经济和社会发展统计公报》显示，全年专利授权量 33181 件，其中发明专利授权量 3500 件[①]。

2022 年 4 月，市场监督管理局、市公安局、市司法局、市新闻出版局、市中级人民法院、市人民检察院 6 部门联合发布绍兴市知识产权保护 10 大典型案例。内容涉及恶意注册商标、侵犯商标专用权、违规使用奥林匹克标志、侵害外观设计专利、侵犯商业秘密、侵犯纺织品花样著作权等，基本涵盖了知识产权所有相关领域。[②] 众所周知，花样设计是纺织品的重要创新途径，只有充分发挥知识产权的支撑保障作用，才能提高纺织行业的自主创新能力，助推纺织产业的改造提升。绍兴市柯桥坐拥全球最大的纺织印染基地，更是纺织印染产业转型升级、传统制造业改造提升的两大"省级试点"地区，在纺织品花样版权保护方面柯桥区突破知识产权发展瓶颈，取得了成功的经验。

2018 年，中国轻纺城花样版权登记管理保护办公室荣获 2018 年"中国版权金奖"保护奖，"中国版权金奖"是中国国家版权局与世界知识产权组织（WIPO）开展的合作项目，每两年评选一次，是中国版权领域内评选的唯一国际性奖项，也是国内版权领域的最高奖项。2019 年 9 月，"中国纺织面料花样版权数据中心及 AI 比对系统"正式上线，该系统具备"秒级"查询反馈和输出比对报告等功能，对花型进行数字化解析，建立"一图一 ID"数字"身份证"，并对其进行"户籍式管理"。[③] 柯桥法院研发全国首个"版权 AI 智审"系统，通过图案查重和创新性比对等

---

① 2022 年绍兴市国民经济和社会发展统计公报 [EB/OL]. 绍兴市统计局，2023 - 03 - 21.

② 阮越才，祝鸣涛. 绍兴市创新探索知识产权纠纷多元处理模式 [N]. 绍兴日报，2022 - 04 - 22.

③ 潘琼英，汪国林. 全国首个纺织行业"快维中心"启用 实现知识产权业务"一站式"办理 [N]. 绍兴日报，2021 - 11 - 03.

技术解决司法痛点，荣获全省县乡法治政府建设"最佳实践"项目①。2020 年 10 月，国家知识产权局发文正式同意建设中国绍兴柯桥（纺织）知识产权快速维权中心，面向纺织产业开展知识产权快速维权工作。这是绍兴市首家知识产权快速维权中心，也是全国首家纺织产业知识产权快速维权中心。

总而言之，支持和引导纺织行业中小企业走"专精特新"发展道路。纤维新材料、高端纺织制成品、智能纺织装备等创新技术的研发和推广，是走"专精特新"之路的动力。将优秀传统文化融入纺织服装行业，以"文化＋"带动纺织服装产业高质量发展，不仅提升了纺织类产品的整体美感，也使得城市的历史文化得到了有效传承。绍兴的纺织时尚产品要在本土文化支撑下，形成鲜明独特的品牌形象，探索适合自身发展的可持续之路。

6.6 嘉兴产业发展分析

6.6.1 嘉兴产业结构

2020 年嘉兴深入实施全面融入长三角一体化发展首位战略，全市经济运行稳步复苏向好，高质量发展稳步推进。全市实现地区生产总值 5509.52 亿元，比 2019 年增长 3.5%。分产业看，第一产业实现增加值 124.18 亿元，增长 1.8%；第二产业实现增加值 2861.09 亿元，增长 2.8%；第三产业实现增加值 2524.25 亿元，增长 4.3%（见表 6 – 17）。三次产业之比为 2.3∶51.9∶45.8。2019 年，全市生产总值现价总量为 5423.58 亿元，按可比价格计算，比上年增长 7.1%，三次产业结构为 2.2∶53.6∶44.2。

---

① 绍兴市中级人民法院工作报告［EB/OL］. 绍兴市府办，2022 – 04 – 11.

表 6 – 17　　　　　　　　　嘉兴市经济发展主要指标

年份	生产总值（亿元）	类别				人均生产总值（元）
		第一产业（亿元）	第二产业（亿元）	第三产业（亿元）	工业（亿元）	
2020	5509.52	124.18	2861.09	2524.25	2560.40	102541.00
2019	5423.58	119.32	2906.03	2398.23	2586.75	102661.00
2018	5018.38	115.93	2755.69	2146.76	2441.08	96908.00
2017	4500.26	116.33	2425.01	1958.92	2157.03	88763.00

资料来源：嘉兴市 2021 年统计年鉴。

从过去三年来看，2017 年、2018 年、2019 年的生产总值分别为 4500.26 亿元、5018.38 亿元、5423.58 亿元（见表 6 – 17）。从三次产业比来看，2017 年为 2.6∶53.9∶43.5，2018 年为 2.3∶54.9∶42.8，2019 年为 2.2∶53.6∶44.2；人均生产总值 2017 ~ 2019 年分别为 88763 元、96908 元、102661 元。

嘉兴市的第一产业中的农林牧渔业 2017 ~ 2020 年分别为 195.33 亿元、195.49 亿元、201.71 亿元、211.46 亿元。2020 年工业增加值为 2560.40 亿元，建筑业为 301.48 亿元，批发和零售业为 531.27 亿元，交通运输、仓储和邮政业为 155.52 亿元，金融业为 364.95 亿元，房地产业为 413.63 亿元（见表 6 – 18）。

表 6 – 18　　　　　　嘉兴市第一产业与其他重要产业情况　　　　　　单位：亿元

项目	2017 年	2018 年	2019 年	2020 年
农林牧渔业	195.33	195.49	201.71	211.46
工业	2157.03	2441.08	2586.75	2560.40
建筑业	268.71	315.37	320.08	301.48
批发和零售业	492.38	512.11	523.46	531.27
交通运输、仓储和邮政业	128.11	141.69	149.58	155.52
金融业	272.21	304.30	331.72	364.95
房地产业	307.57	334.41	372.88	413.63

资料来源：嘉兴市 2021 年统计年鉴。

另外，2019 年的信息传输、软件和信息技术服务业为 64.74 亿元，租赁和商务服务业为 257.98 亿元，科学研究、技术服务业为 84.08 亿元，居民服务、修理和其他服务业为 46.24 亿元（见图 6 - 6）。

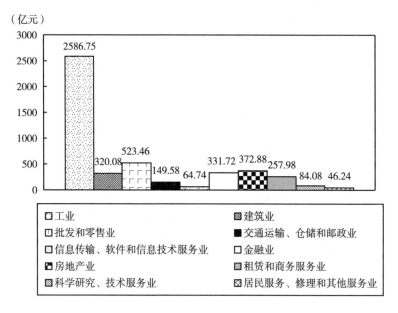

图 6 - 6　嘉兴市二三产业发展统计情况

另外，其他新产业发展迅速，2020 年全市规模以上文化制造业、高技术制造业、装备制造业、时尚制造业和战略性新兴产业增加值快速增长，分别比上年增长 57.1%、47.2%、22.6%、19.3% 和 14.2%（见表 6 - 19），增速分别高于全省平均 49.2 个、31.6 个、11.8 个、14.4 个和 4.0 个百分点，增速均居全省首位。人工智能制造业、高新技术产业不断提升，分别增长 29.2% 和 11.7%。新产品快速增长，2020 年全市规模以上工业新产品产值增长 8.8%，较上年提高 0.6 个百分点；新产品产值率 44.6%。新业态持续发展，2020 年全市网络零售额 1857.4 亿元，增长 7.0%；居民网络消费额 859.4 亿元，增长 10.2%。创新投入不断增强，2020 年全市规上工业企业研发费用 298 亿元，增长 18.3%，高于营业收入增幅 16.7 个百分点；研发费用占营业收入比重达 2.8%，较上年提高 0.4 个百分点。①

---

① 资料来源：《2020 年嘉兴市国民经济和社会发展统计公报》。

表 6 - 19　　　　　　　　2020 年嘉兴市规模以上工业重点产业增加值情况

指标	增加值（亿元）	±%
高新技术产业	1339.38	11.7
战略性新兴产业	934.83	14.2
装备制造业	785.11	22.6
高端装备制造业	535.67	8.2
数字经济核心制造业	404.22	24.2
环保制造业	345.26	5.3
高技术制造业	318.21	47.2
时尚制造业	233.80	19.3
文化制造业	174.42	57.1
人工智能制造业	169.92	29.2
健康制造业	28.15	9.1

资料来源：嘉兴市 2020 年统计公报。

6.6.2　嘉兴光伏产业

嘉兴市位于浙江省东北部、长江三角洲杭嘉湖平原腹心地带，靠近上海，是长江三角洲重要城市之一。《长江三角洲区域一体化发展规划纲要》明确了嘉兴市 7 个方面 23 项推进长三角一体化内容；《长三角一体化发展规划"十四五"实施方案重大项目库》明确了嘉兴市 128 个项目，居全省第 1。浙江省第十五次党代会报告中明确提出"支持嘉兴打造长三角城市群重要中心城市"，得益于长三角一体化的协同发展战略，嘉兴凭借区位优势，产业集群加速崛起，综合实力大幅跃升。

在"碳达峰、碳中和"大背景下，光伏产业站上了新风口。浙江省光伏产业规模增长迅速，截至 2020 年底，全省累计建成光伏发电装机 1517 万千瓦，比 2015 年增长 827%，其中分布式光伏装机 1070 万千瓦，装机规模连续多年位居全国第一①。基本涵盖了农光互补、渔光互补、工商业屋顶光伏、户用屋顶光伏、水面漂浮式光伏等各种类型。

嘉兴是浙江省最早开展光伏"五位一体"创新综合试点的地级市，试点落户嘉兴城西的秀洲区。2005 年，嘉兴第一家光伏企业投产，标志着嘉兴的光伏产业从无到有、从弱到强的跨越式发展。2021 年，嘉兴市光伏产业实现规上工业总产值 505.25 亿元，占全省光伏产业产值 1/3②。

光伏产业链主要分为上、中、下游三大环节，其中，产业链的上游包括硅材、硅棒、硅锭、硅片生产等环节；中游主要包括电池片、电池组件、逆变器、光伏玻璃、银浆、系统部件生产等环节；下游主要包括工程建设、运维服务、EPC 总部等环节。光伏产业是嘉兴产业链布局中最齐全的产业之一，秀洲光伏产业集聚区，以秀洲国家高新区为中心，聚焦光伏玻璃制造和电池组件、光伏发电发热集成技术应用等领域；海宁光伏产业集聚区，以袁花工业园、尖山新区为中心，聚焦电池组件制造、光电转换效率提升技术等领域。③

以秀洲区为例，拥有国家高新区、国家级新能源产业基地和省级光伏小镇三大平台，这里龙头企业集聚，拥有秀洲本土的全球第二光伏玻璃制造企业福莱特、全球领先的太阳能整体解决方案提供商阿特斯、全球最大的单晶电池及组件生产企业隆基等多家光伏行业龙头企业④。2022 年嘉兴市秀洲区前瞻布局了全国唯一一个光伏回收产业发展合作中心，积极打造面向全国、链接全球的光伏回收、产业咨询、政策研究服务平台⑤。

光伏产业的发展离不开当地政府的支持，先后出台了《光伏小镇扶持政策意见》《关于加快人才集聚促进特色小镇发展的若干意见》《嘉兴

① 浙江省可再生能源发展"十四五"规划［EB/OL］.浙江省发展和改革委员会，2021 – 06 – 23.
② "风光无限"的长三角可再生能源产业［EB/OL］.澎湃新闻，2023 – 03 – 27.
③ 嘉兴市光伏产业链提升方案［EB/OL］.投资促进中心，2023 – 02 – 20.
④ 秀洲区智能光伏产业集群成功入选［EB/OL］.嘉兴日报，2023 – 02 – 17.
⑤ 嘉兴市秀洲区全国首发"无废光伏"实施方案和建设指南 引领无废光伏产业建设［EB/OL］.区生态环境分局，2023 – 02 – 21.

光伏高新技术产业园区应用示范项目实施细则》《嘉兴市全面推进分布式光伏规模化开发实施方案》等政策，为嘉兴光伏产业的发展提供支撑保障。此外，秀洲区新塍镇沙家浜社区作为首个光伏分布式发电示范小区，采用的是"统购统销"的模式，即每套光伏发电设备的投资约 2 万元，其中 85% 由政府出资，15% 由住户出资。设备投入运行后，政府每年还将给予住户一定数额的补贴。农户屋顶上发的电全部由国家电网进行收购，统一调配使用。①

6.7 湖州产业发展分析

6.7.1 湖州产业结构

2020 年湖州经济运行稳步复苏向好，高质量发展稳步推进。全市实现地区生产总值 3201.41 亿元，比 2019 年增长 2.5%。分产业看，第一产业实现增加值 140.54 亿元，增长 4.8%；第二产业实现增加值 1587.58 亿元，增长为 -0.8%；第三产业实现增加值 1473.29 亿元，增长 6.1%（见表 6-20）。三次产业之比为 4.4∶49.6∶46.0。2019 年，全市生产总值现价总量为 3122.27 亿元，按可比价格计算，比上年增长 8.4%，三次产业结构为 4.3∶51.2∶44.5。

表 6-20　　　　　　　　湖州市经济发展主要指标

年份	生产总值（亿元）	类别				人均生产总值（元）
		第一产业（亿元）	第二产业（亿元）	第三产业（亿元）	工业（亿元）	
2020	3201.41	140.54	1587.58	1473.29	1420.13	119538.00
2019	3122.27	134.11	1599.62	1388.55	1421.22	116801.00

----

① 朱卉，沈丹萍，刘红. 一年发电 2000 千瓦时光伏发电"走"上农房集聚小区屋顶[N]. 嘉兴日报，2013-09-24.

续表

年份	生产总值（亿元）	类别				人均生产总值（元）
		第一产业（亿元）	第二产业（亿元）	第三产业（亿元）	工业（亿元）	
2018	2881.21	128.37	1491.53	1261.32	1321.42	108072.00
2017	2607.86	125.75	1360.86	1121.25	1195.92	98227.00

资料来源：湖州市 2021 年统计年鉴。

从过去三年来看，2017 年、2018 年、2019 年的生产总值分别为 2607.86 亿元、2881.21 亿元、3122.27 亿元（见表 6-20）。从三次产业比来看，2017 年为 4.8：52.2：43.0，2018 年为 4.5：51.8：43.7，2019 年为 4.3：51.2：44.5；人均生产总值 2017~2019 年分别为 98227 元、108072 元、116801 元。

湖州市的第一产业中的农林牧渔业 2017~2020 年分别为 136.57 亿元、135.76 亿元、142.24 亿元、149.47 亿元。2020 年工业增加值为 1420.13 亿元，建筑业为 168.00 亿元，批发和零售业为 393.44 亿元，交通运输、仓储和邮政业为 82.97 亿元，金融业为 254.70 亿元，房地产业为 187.60 亿元（见表 6-21）。

表 6-21　　　　　　　　湖州市第一产业与其他重要产业情况　　　　　　单位：亿元

项目	2017 年	2018 年	2019 年	2020 年
农林牧渔业	136.57	135.76	142.24	149.47
工业	1058.03	1152.53	1422.08	1420.13
建筑业	114.39	121.83	173.86	168.00
批发和零售业	299.15	325.70	384.17	393.44
交通运输、仓储和邮政业	109.94	116.50	96.18	82.97
金融业	164.15	185.20	231.60	254.70
房地产业	142.62	159.69	161.47	187.60

资料来源：湖州市统计年鉴。

2021 年湖州市主要产业经济恢复较好，纺织业收入 462.9 亿元，同比增长 9.7%，利税总额为 20.6 亿元；医药制造业收入 157.2 亿元，同比增长 58.6%，贡献利税总额 70.6 亿元，实现利润 64.2 亿元，同比增长 113.4%。计算机、通信和其他电子设备制造业收入 168.3 亿元，按可比价计算，比上年增长 43.3%，贡献利税总额 14.3 亿元，同比增长 32.2%，利润为 12.2 亿元，同比增长 36%（见表 6 – 22）。

表 6 – 22　　　　　　　2021 年湖州市主要产业经济效益

行业	收入（亿元）	±%	利税总额（亿元）	±%	利润（亿元）	±%
纺织业	462.9	9.7	20.6	−45.9	10.5	−61.7
纺织服装、服饰业	63.8	17.5	2.9	−10.4	1.0	−10.1
木材加工和木、竹、藤、棕、草制品业	219.4	14.4	30.1	51.4	23.2	71.0
家具制造业	407.2	14.2	33.5	−1.0	19.5	−7.7
化学原料和化学制品制造业	307.9	28.5	27.8	9.0	21.1	10.8
医药制造业	157.2	58.6	70.6	102.6	64.2	113.4
化学纤维制造业	431.3	36.1	27.0	329.5	17.9	4456.7
橡胶和塑料制品业	160.3	37.6	8.1	12.8	4.3	−4.2
非金属矿物制品业	626.0	20.3	87.6	23.5	62.9	27.0
黑色金属冶炼和压延加工业	222.1	37.5	17.1	39.4	11.5	23.4
有色金属冶炼和压延加工业	195.0	73.3	5.0	28.3	3.0	15.9
金属制品业	326.0	34.7	20.6	15.8	14.8	15.9
通用设备制造业	549.7	34.0	60.3	13.5	46.8	14.3
专用设备制造业	216.6	21.1	24.8	8.5	20.4	11.0
汽车制造业	158.0	56.3	7.3	1.0	3.8	−24.7
电气机械和器材制造业	843.9	39.6	43.1	−0.1	29.3	−5.0
计算机、通信和其他电子设备制造业	168.3	43.3	14.3	32.2	12.2	36.0

资料来源：湖州市 2021 年统计公报。

　　湖州市 2021 年的战略性新兴产业、高新技术产业发展势头较好，吴兴区、南浔区、德清县、长兴县、安吉县、南太湖新区的战略新兴产业分别为 541.0 亿元、526.8 亿元、397.6 亿元、620.6 亿元、258.0 亿元、217.0 亿元，高新技术产业分别为 712.6 亿元、559.9 亿元、748.1 亿元、

998.3 亿元、659.5 亿元、248.1 亿元（见图 6 - 7）。

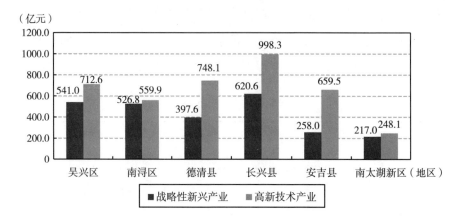

图 6 - 7　2021 年湖州市战略性新兴产业与高新技术产业

资料来源：湖州市 2021 年统计公报。

　　另外，第三产业发展迅速，2021 年全市交通运输、仓储和邮政业、批发和零售业、住宿和餐饮业、金融业快速增长，分别比上年增长 11.6%、12.0%、17.2%、9.8%（见表 6 - 23）。房地产业、其他服务业、营利性服务业、非营利性服务业，分别比上年增长了 2.4%、6.7%、8.3%、5.6%。

表 6 - 23　　　　　　　　2021 年湖州市第三产业增加值情况

指标	增加值（亿元）	±%
交通运输、仓储和邮政业	90.1	11.6
批发和零售业	453.4	12.0
住宿和餐饮业	97.3	17.2
金融业	291.6	9.8
房地产业	189.8	2.4
其他服务业	499.0	6.7
营利性服务业	210.5	8.3
非营利性服务业	288.5	5.6

资料来源：湖州市 2022 年统计年鉴。

总体而言，湖州市规模以上工业实现增加值 1245.6 亿元，按可比价计算，比上年增长 13.3%，其中轻工业 457.6 亿元、重工业 788.0 亿元，分别增长 10.8% 和 14.8%。33 个大类行业中，有 28 个行业增加值实现增长。从重点产业看，高新技术产业 772.6 亿元，增长 14.5%，占比为 62.0%；战略性新兴产业 462.9 亿元，增长 17.0%，占比为 37.2%；装备制造业 391.1 亿元，增长 20.2%，占比为 31.4%。规模以上工业实现营业收入 6397.3 亿元，比上年增长 27.5%；利税 578.4 亿元，其中利润 415.1 亿元，分别增长 15.1% 和 15.7%。14 个工业行业达到了"营业收入超 100 亿元、利税超 10 亿元"，共实现营业收入 5172.3 亿元、利税总额 493.3 亿元，分别占规模以上工业的 80.9% 和 85.3%。[①]

浙江省其他地级市，如台州市、金华市、湖州市、丽水市、衢州市、舟山市经济增长强劲，2020 年规模以上工业总产值分别为 5120.14 亿元、4279.27 亿元、4988.44 亿元、1471.16 亿元、1893.91 亿元、1533.63 亿元（见表 6-24）。内资企业贡献最多的是宁波市，达 12867.50 亿元，其次是杭州市、嘉兴市，分别是 10977.96 亿元、7728.82 亿元。港澳台商投资企业贡献最多的是宁波市，达 3251.92 亿元，外商投资企业贡献最多的是杭州市，达 2639.57 亿元（见表 6-24）。

表 6-24　　　　　　各市规模以上工业总产值（2020 年）　　　　　单位：亿元

城市	工业总产值	内资企业	港澳台商投资企业	外商投资企业
杭州市	14712.08	10977.96	1094.55	2639.57
宁波市	18103.66	12867.50	3251.92	1984.24
温州市	5652.87	5326.78	75.38	250.71
嘉兴市	10391.36	7728.82	923.91	1738.63
湖州市	4988.44	4109.57	364.50	514.38
绍兴市	7045.30	5934.17	558.47	552.65
金华市	4279.27	4011.12	144.52	123.63
衢州市	1893.91	1619.92	40.26	233.73

---

① 资料来源：2021 年湖州市国民经济和社会发展统计公报。

续表

城市	工业总产值	内资企业	港澳台商投资企业	外商投资企业
舟山市	1533.63	1349.96	82.69	100.98
台州市	5120.14	4647.19	95.79	377.17
丽水市	1471.16	1444.21	16.47	10.48

资料来源：浙江省2021年统计年鉴。

从规模以上工业企业单位数来看，2020年杭州市、宁波市、温州市、嘉兴市、湖州市、绍兴市、金华市分别是5992个、8571个、6724个、6364个、3792个、4561个、4629个。内资企业最多的是宁波市，有7237个，最少的是舟山市，只有366个；港澳台商投资企业最多的是宁波市，有648个，最少的是丽水市，只有7个；外商投资企业最多的是宁波市，有686个，最少的是丽水市和舟山市，都只有17个（见表6-25）。

表6-25　　　　　　各市规模以上工业企业单位数（2020年）　　　　单位：个

城市	工业企业单位数	内资企业	港澳台商投资企业	外商投资企业
杭州市	5992	5248	284	460
宁波市	8571	7237	648	686
温州市	6724	6609	49	66
嘉兴市	6364	5369	387	608
湖州市	3792	3473	159	160
绍兴市	4561	4172	221	168
金华市	4629	4459	87	83
衢州市	1131	1077	16	38
舟山市	391	366	8	17
台州市	4611	4465	70	76
丽水市	1207	1183	7	17

资料来源：浙江省2021年统计年鉴。

2020年，浙江省工业增加值比上年增长3.6%，对GDP增速回升贡献率达59%。规模以上工业增加值16715亿元，增长5.4%，尤其是2020年9月份以来4个月工业生产增长均超10%，是近10年同期增长最快的。另外数字经济正在蓬勃发展，2020年数字经济核心产业增加值比

2019 年增长 13.0%，增速比 GDP 高 9.4 个百分点，占比为 10.9%，比 2019 年提高 0.9 个百分点。规模以上工业中，人工智能、高技术、装备、高新技术、战略性新兴、节能环保等产业制造业增加值分别增长 16.6%、15.6%、10.8%、9.7%、10.2% 和 8.7%，增速均高于规模以上工业。其中，高新技术、装备和战略新兴产业增加值占比分别为 59.6%、44.2% 和 33.1%，对规模以上工业增长贡献率分别为 102.4%、79.9% 和 57.7%，分别拉动增长 5.5 个、4.3 个和 3.1 个百分点。规模以上服务业营业收入增长 10.8%。其中，信息传输、软件和信息技术服务业，科学研究和技术服务业营业收入分别增长 16.3% 和 22.7%，增速均快于规模以上服务业。从产业结构比重来看，2020 年杭州第二产业只占 29.9%，而第三产业占了 68.1%，逐步接近发达国家的水平。其他地区的第三产业占比分别是：宁波 51.4%、温州 56.4%、嘉兴 45.8%、湖州 46.0%、绍兴 51.2%、金华 58.1%、衢州 54.1%、舟山 50.9%、台州 50.7%、丽水 57.1%。其中，温州、金华、丽水都超过了 56%，只有嘉兴、湖州低于 50%。说明浙江省大部分地区的产业结构逐步趋于优化，一二产业比重逐渐减小，三产业比重逐渐增加。[1]

另外，台州市、金华市、丽水市、衢州市、舟山市经济发展紧随其后，2020 年规模以上工业总产值分别为 5120.14 亿元、4279.27 亿元、1471.16 亿元、1893.91 亿元、1533.63 亿元（见表 6-26）。内资企业贡献最多的是宁波市，达 12867.50 亿元，其次是杭州市、嘉兴市，分别是 10977.96 亿元、7728.82 亿元。港澳台商投资企业贡献最多的是宁波市，达 3251.92 亿元，外商投资企业贡献最多的是杭州市，达 2639.57 亿元。

表 6-26 各市规模以上工业总产值（2020 年） 单位：亿元

城市	工业总产值	内资企业	港澳台商投资企业	外商投资企业
杭州市	14712.08	10977.96	1094.55	2639.57
宁波市	18103.66	12867.50	3251.92	1984.24

---

[1] 资料来源：浙江省 2021 年统计年鉴。

续表

城市	工业总产值	内资企业	港澳台商投资企业	外商投资企业
温州市	5652.87	5326.78	75.38	250.71
嘉兴市	10391.36	7728.82	923.91	1738.63
湖州市	4988.44	4109.57	364.50	514.38
绍兴市	7045.30	5934.17	558.47	552.65
金华市	4279.27	4011.12	144.52	123.63
衢州市	1893.91	1619.92	40.26	233.73
舟山市	1533.63	1349.96	82.69	100.98
台州市	5120.14	4647.19	95.79	377.17
丽水市	1471.16	1444.21	16.47	10.48

资料来源：浙江省 2021 年统计年鉴。

6.7.2　湖州安吉森林康养产业分析

安吉县隶属于浙江省湖州市，位于长三角腹地，是中国美丽乡村的发源地，拥有"中国第一竹乡""国家首个生态县"的称号。安吉县将要打造森林康养"一心三区四带，四季全域多元"的产业发展格局。"一心"是以安吉中心城市为核心，以灵峰旅游度假区为依托，充分利用城市周边森林康养基础设施，大力推进县域中部 25 千米高端休闲产业带；"三区"就是建设西部、南部和北部森林康养重点功能区，发展森林康养教育、森林康养食药等产业；"四带"则以四条美丽乡村精品旅游线路为基础，整合、联系沿线各类森林康养产业资源。

森林康养是一个新兴产业。随着老龄化社会的到来和消费结构的改变，以森林公园为主要载体的森林生态旅游和伴随而来的森林康养已成为我国旅游经济的重要增长点。安吉县作为"两山"理念诞生地和美丽乡村发源地，生态优势明显，林下经济发展较快，2016 年成为全国首批森林康养试点县后，截至目前已成功创建 6 个森林康养基地、5 个森林养生基地和 8 个森林特色小镇，另外还有 80 家森林康养人家。

安吉森林康养产业以"1 + X"的产业发展模式进行整体产业布局。

其中"1"指一大支柱产业——森林康养旅游产业，是以森林旅游为主的森林康养旅游；"X"指配套融合产业——康养＋医养产业、康养＋养老产业、康养＋民宿产业、康养＋食药产业、康养＋体育产业、康养＋教育产业，在安吉具有特色和优势的产业基础上重点发展森林康养产业。预计到 2025 年，森林康养产业将成为安吉县支柱产业，安吉将成为国内外知名的森林康养新高地、国内外森林康养发展标杆，并为全国森林康养产业提供新示范。下面对安吉县的森林康养基础条件进行概要分析。

表 6 - 27　　　　　　　　安吉县森林康养基础条件情况

项目类别	2017 年	2018 年	2019 年	2020 年
农业产值（万元）	269978	263992	272286	269944
林业产值（万元）	91780	89403	89360	89864
牧业产值（万元）	21719	14143	16252	20436
渔业产值（万元）	25751	27793	36475	41868
农林牧渔服务业（万元）	5782	6271	7003	7480
茶园总面积（公顷）	13567	13634	13579	13855
人工造林面积（公顷）	128	93	68	290
森林抚育面积（公顷）	1369	1837	1095	733
卫生技术人员（人）	3342	3590	3845	3904
医院床位数（张）	2053	2502	2924	2934

安吉县康养资源富集，具有得天独厚的自然条件，气候温和、雨量充沛、光照适宜，适合种植农作物、培育森林等。从表 6 - 27 可以看出，2017～2020 年这 4 年里，农业总产值、林业总产值、牧业总产值基本保持稳定状态，而渔业总产值由 2017 年的 25751 万元增长到 2020 年的 41868 万元，农林牧渔服务业由 2017 年的 5782 万元增长到 2020 年的 7480 万元，人工造林面积由 2017 年的 128 公顷增长到 2020 年的 290 公顷。另外，卫生技术人员由 2017 年的 3342 人增长到 2020 年的 3904 人，医院床位数由 2017 年的 2053 张增长到 2020 年的 2934 张。这都为森林康养产业的发展提供了有力保障。

1. 森林康养产业发展背景

推拉理论作为解释人口迁移的经典理论，同样适用于森林康养，老年人的迁移决定是推力和拉力因素共同作用的结果。根据上海交通大学行业研究院发布的《2021 中国候鸟式养老冬季栖息地适宜度指数》，海南省的海口、琼海、三亚排前三名。正如，李雨潼和曾毅（2018）以特定季节居住在海南省的"候鸟式"养老人口为调查对象，发现迁入地空气质量及其他环境质量是人口迁居的主要原因。此外，何阳等（2019）基于海南省的实证调查，异地养老者在政治、经济、社交和文化融入层面都存在不少问题，突出表现为市民身份普遍缺失，政治参与机会少；就业意愿较高而就业率偏低；社会福利被区别对待；与当地人接触有限，语言交流存在障碍，规范习俗与身份认同较弱。刘纹卉和刘彦平（2019）分析了云南发展森林康养的气候、区位、森林资源、文化、政策等优势，探讨了传统理念制约、产业规划滞后、配套设施不足、人才缺乏等劣势，提出了强化一个重点、推进两项政策、实施三项规划的发展建议。可以看出，老年群体对气候条件和生活环境较为敏感，当地良好的生态环境是"异地养老"的重要因素。森林康养作为"大健康中"的一个新兴产业，目标群体以老年人为主，但不同于传统的养老产业，可以说是传统养老产业的转型升级。

2. 安吉森林康养的拉力因素

（1）森林康养市场前景广阔。

近年来，我国人口老龄化问题日益严峻，生育率下降和人均寿命的提高是导致老龄化的主要原因，是社会经济发展到一定阶段的必然结果（陈明华和郝国彩，2014）。根据国家卫健委老龄健康司发布数据显示，截至 2020 年 11 月 1 日零时，全国 60 周岁及以上老年人口 26402 万人，占总人口的 18.70%；全国 65 周岁及以上老年人口 19064 万人，占总人口的 13.5%；全国老年人口抚养比为 19.70%，比 2010 年提高 7.80 个百分点①。以浙江为例，2021 年浙江省第七次人口普查主要数据公报显示，浙江省常住人口中 65 岁及以上的人口数达到 856.63 万人，占比为 13.27%②。如何解决养老问题不仅关乎老百姓的切身利益关系，更影响新型城镇化的健康发展。

2019 年 3 月，国家林草局等四部门联合印发了《关于促进森林康养产业发展的意见》，指出森林康养是以森林生态环境为基础，以促进大众健康为目的，利用森林生态资源、景观资源、食药资源和文化资源，并与医学、养生学有机融合，开展保健养生、康复疗养、健康养老的服务活动。"青山、绿水"的森林康养模式对于身心健康大有裨益，尤其适合老年群体，研究发现天然负氧离子对轻度高血压病有明显疗效，对老年疗养人员高血压病的康复有显著作用，有助于中老年女性小气道阻塞和病变的缓解和逆转（李双等，2014；覃芳葵等，2019）。

"生命在于运动"，营造"绿色"康养运动环境。对于老人而言，适当的康养运动不仅可以预防疾病，提升老年人的健康水平，还能在运动中加强彼此的文化交流，丰富老年群体的精神文化生活。姬瑞敏（2020）研究太极拳运动对中老年人脑功能和有氧运动能力的影响，研究发现太极拳运动可提高中老年人有氧运动能力，有利于改善认知功能。杜珊珊（2021）研究结果显示，接受五禽戏训练患者治疗前后的各项免疫球蛋白水平得到了显著的提升，说明五禽戏可以有效改善机体的免疫球蛋白水平，促进机体免疫功能的稳定提升。为此，我们可以根据老人的年龄以及身体状况，发挥太极拳、五禽戏、八段锦等传统健身术在森林康养领域的作用。

（2）森林资源得天独厚，实现生态宜居。

2005 年 8 月 15 日，时任浙江省委书记的习近平到安吉县余村视察调研，首次提出了"绿水青山就是金山银山"的科学论断，作为"两山理

---

① 2020 年度国家老龄事业发展公报：全国 60 岁以上老人 26402 万人［EB/OL］. 央视网，2021 – 10 – 15.

② 浙江省第七次人口普查主要数据（新闻发布稿）［EB/OL］. 浙江省统计局，2021 – 05 – 13.

论"发源地的安吉县自然资源丰富，是全国首个生态县、联合国人居奖首个获得县。森林覆盖率常年稳定在 70% 以上，整体呈现"七山一水二分田"的地貌，是浙江省森林覆盖率最高的地区之一①。拥有安吉小鲵国家级自然保护区、竹乡国家森林公园、灵峰山森林公园。丰富的森林资源，使得安吉县成为康养的首选之地，促进了养老产业和乡村振兴的协调共赢。例如，安吉县森海林场森林康养基地是首批省级森林康养基地，位于安吉县孝丰镇，植被覆盖率超 80%，层林叠翠、空气清新，实现人与自然和谐共存的生态康养②。作为浙江省唯一医养结合的森林康养基地，依托浙江安吉健恒糖尿病医院，通过对患者身体状况预先进行评估，编制患者康复期间的"食疗 + 心理疏导 + 森林运动 + 森林五感体验"治疗菜单，开展"医疗 + 养生 + 旅游"森林康养服务活动。

安吉县凭借着得天独厚的绿色生态优势，吸引了一批康养产业领域的企业入驻并扎根。"山屿海·幸福城"位于浙江省安吉县鄣吴镇，集度假养生、农业观光、康复医疗等为一体的大型康养社区，拥有山屿海学休院、山屿海生态农场、山屿海康养中心、山屿海康养浪漫谷公寓以及浪漫谷高端民宿群等项目。2022 年 5 月瑞珀妮正式与中国音画乡村签订了打造瑞珀妮首个海外抗衰理疗院的合作协议。瑞珀妮品牌由长寿领域的先驱尼汉斯（Niehans）教授于 1931 年在瑞士蒙特勒创立，是世界上著名的抗衰养生机构之一，也是预防医学领域的领跑者。

（3）养老产业协同机制日益完善。

随着长三角区域养老一体化的开展，养老产业协同机制日益健全。2019 年沪苏浙皖四地民政部门签署了推进长三角区域养老一体化合作备忘录，三省一市的 17 个地级区（市）被宣布成为首批试点单位，作为开展区域养老一体化的首批试点。根据合作备忘录，沪、苏、浙、皖将建立定期协作协商机制，建立养老服务机构异地处罚及时通报、区域范围

---

① 刘勇，余礼华，沈燕波，张周婷，丁铁珍，吴雪玲. 安吉县森林资源督查现状分析与发展趋势预测 [J]. 浙江林业科技，2022（5）：124 – 128.

② 浙江省林业局. 森林康养乐享自然——省级森林康养基地巡礼 [J]. 浙江林业. 2020（5）：14 – 23.

内养老机构黑名单制度及养老机构诚信系统，推行养老服务统计制度，试点推广区域内养老服务标准、照护需求评估、养老护理员资格、养老机构院长从业资质互认，建设区域养老服务信息管理统一平台，统筹规划养老产业布局，促进区域养老资源共享，激发养老服务市场活力。

2020 年，上海市养老服务行业协会、上海长三角区域养老服务联合发布首批长三角异地养老机构名单，包括 20 个城市的 57 家养老机构，核定床位共计 25698 张，区域养老共建共享取得了重大进展①。2021 年 3 月 20 日，《上海市养老服务条例》（以下简称《条例》）开始实施，《条例》指出推进长江三角洲区域养老服务合作与发展，建立健全政府间合作机制，落实异地就医结算，推动本市老年人异地享受本市长期护理保险、养老服务补贴等待遇，方便老年人异地养老。从流入区域来看，上海老人的异地养老大多选择距离较近长三角地区（浙江、江苏、安徽）。安吉县区位优势明显，地处长三角腹地中心地带，且房价适中，可以缓解大城市老年人的经济压力。早在 2007 年，上海市浦东新区就组织了上千名老人到安吉县"养老试住"，老人们对安吉县的生态环境满意度相当高。长三角一体化背景下，沪苏浙皖四地政府不断破除行政壁垒、加强政策协同，安吉县凭借先天的资源条件，有望成长三角森林康养目的地。

（4）基础设施完善，政府大力扶持。

《关于促进森林康养产业发展的意见》提出，到 2022 年建设国家森林康养基地 300 处，到 2035 年建设 1200 处，向社会提供多层次、多种类、高质量的森林康养服务；到 2050 年，森林康养服务体系更加健全，森林康养理念深入人心，人民群众享有更加充分的森林康养服务。

目前，安吉县正积极推进"健康、养生、养老"一体的森林康养产业，呈现出快速发展的势头。确保政府在公共服务中的主导地位，促进公共资源优化配置。政府在森林康养产业中的作用至关重要，地方政府不仅承担提供公共服务的职能，还要对其发展进行统筹规划，以推动森

---

① 许东远，吴振东. 首批长三角异地养老机构名单发布：20 个城市 57 家机构可选［EB/OL］. 新华社，2020－10－23.

林康养产业科学、规范发展。2019 年《安吉县森林康养产业发展总体规划（2019—2025 年)》通过专家评审，作为浙江省首个森林康养方面的规划，由浙江农林大学牵头编制，着力把森林康养产业培育成安吉县乡村振兴战略的支柱产业。同时，安吉县坚持生态保护优先，实施森林修复工程。先后出台《安吉县人民政府关于实施生态修复工程的意见》《安吉县林长制实施方案》等一系列管理制度，深入实施了生态保护修复、森林抚育等生态工程项目。目前，鄣吴镇天官墓森林古道修复工程、金銮殿森林古道修复工程、双狮台景观提升工程都已完成规划。

此外，完善的交通运输系统，不仅为本地的老年人提供优质养老服务，还能实现跨区域精准对接。2021 年安吉县人民政府印发《安吉县综合交通运输发展"十四五"规划》指出，构建高铁、高速、国省道和农村公路 4 大路网体系，致力形成县内外 2 个"3060"交通圈。县外"3060"交通圈指的是安吉至杭州、湖州 30 分钟，至上海、南京、合肥等长三角核心城市 60 分钟交通圈；县内"3060"交通圈指的是各个乡镇（街道）到县城 30 分钟，各乡镇（街道）之间 60 分钟交通圈。

3. 安吉县森林康养的推力因素

（1）医保异地就医待进一步优化。

我国跨省异地就医直接结算系统自运行以来，已经取得了显著成效。目前，长三角地区 41 个城市实现医保"一卡通"，医保异地结算工作的稳步推进，对于老年人的异地养老就医提供了极大的方便。然而，由于原居住地与迁入地的经济发展不平衡，它们的养老保险政策、医保报销等存在一定差距，且异地结算繁杂（谭金可和鹿启暄，2020）。以上海为例，其养老服务补贴及医保报销比例明显高于长三角其他城市。同时，上海聚集着医学领域最顶尖的专家团队和最先进的诊疗设备，也使得上海户籍的老年人不愿移居异地养老。

（2）老年群体主观意愿不强烈。

随着"以人为核心"新型城镇化的发展及"健康中国"战略的实施，

人民群众的健康养老意识正逐步增强，而森林康养作为一种新型的养老模式，对身体健康具有促进作用。但是，绝大多数老年人受到"树高千尺，叶落归根"的传统养老观念影响，对异地生态养老接受度还不高，认为子女养老、社区养老是最为理想的模式。陈露（2021）对上海老年人异地养老需求现状及影响因素进行分析，发现只有两成的老年人愿意异地养老，且不到10%的人已经有过异地养老经验。还有研究表明，异地老人由于语言文化的差异，对新环境的社会融合度较低，精神需求方面缺乏安全感，常常会感到失落、抑郁、孤独（李丽和陈恩，2021）。此外，退休老人还会被一些生活琐事所羁绊，实在抽不开身，也成为生态养老不得不面对的推力因素。

（3）森林康养产业中养老护理员匮乏，且素质水平不高。

森林康养产业人才建设涉及医疗类、康养类、林学类、旅游类、管理类等学科知识。以"健康养老"的视角，养老护理员的数量和质量，将直接影响森林康养产业提质升级。但是，养老护理员匮乏及学历水平较低，已成为影响产业协调发展的最大短板。一方面，养老护理员招人难，需求大于供给。近年来，尽管各高职院校开设了老年护理专业，但由于"薪酬普遍较低、缺乏社会认同感、入职门槛低"低配的现状，很多家长和学生不愿意选择该专业。人社部公布了2021年第三季度全国招聘大于求职"最缺工"的100个职业排行，养老护理员也位列其中，排在第19位①。另一方面，从业人员的素质亟待提高，养老护理员普遍存在受教育程度较低、整体上年龄偏大、专业素质不高等问题。老年人作为社会生活特殊群体，大多患有高血压、糖尿病、高血脂、认知障碍等慢性疾病，这就对养老护理员在健康预防、医疗护理、资格学历等方面有更高要求。

综上，森林康养作为一种新型的健康方式，不仅可以缓解养老资源分布不均衡，提高老年人生活质量，而且对于改善农业生产条件和生产

---

① 2021年第三季度全国招聘大于求职"最缺工"的100个职业排行 ［EB/OL］. 人力资源社会保障部网站，2021－10－31.

环境，发展生态休闲农业，助推乡村振兴具有重要意义。

一方面，实现森林康养产业与乡村振兴有效衔接，改善农业生产条件和生产环境，发展生态休闲农业，助推乡村振兴。在保护自然资源前提下，在周边形成一定规模的农业用地，实现养老养生和休闲旅游的有机结合。康养老人比较注意饮食健康，在生态农场采摘绿色有机蔬菜，既保证了食品的新鲜健康，又促进老人与当地居民的交流互动，丰富了老人群体的业余生活。因此，我们要以带动村民增收为目标，鼓励他们回乡创业，投入到森林康养基地中去，盘活农村经济。此外，要进一步优化农业产业结构，实现农业与旅游、餐饮、娱乐等产业的有效融合，促进资源的优化配置与土地的集约化利用。

另一方面，在康养队伍建设上，不仅要采取知识培训、人才选拔等方式，弥补专职人员在服务理念和专业知识上的不足，加快康养工作的专业化进程；还要建立合理的薪酬制度和奖励机制，提高专职人员的地位和待遇，为他们营造良好的工作环境，以便提供更加优质化的公共服务。完善养老护理员的培训与考核机制。对于在岗的养老护理员，按照《老年护理专业护士培训大纲（试行）》《老年护理实践指南（试行）》等要求，对其进行有针对性的培训，并将法律法规普及和职业道德教育融入日常培训中，以树立责任意识，逐步提高养老护理员的职业素养，营造"尊老、敬老、爱老"的良好氛围。同时，提高工资福利，改变人们对养老产业的偏见，吸引更多人才投入养老产业。例如，举办"养老护理员职业技能大赛""最美养老护理员"等活动，以提高养老护理员对职业的认同感和荣誉感，并把她们作为先进典型进行广泛宣传，引导员工树立正确的世界观、人生观、价值观。

第**7**章

浙江城镇化与产业发展的协调关系分析

城镇化与产业发展相关概述

我国城镇化建设已经进入新一轮的发展阶段，党的十九届五中全会提出，"加快发展现代产业体系，推动经济体系优化升级，推进以人为核心的新型城镇化"。人口流动的加快、人力资本提升、科学技术进步、城乡规划等因素都将影响新型城镇化和产业结构升级（中国宏观经济研究院国土开发与地区经济研究所课题组，2021）。新型城镇化和工业化是我国实现现代化的两大引擎，发展新型城镇化，必然要求有相应的产业与之匹配，即第一产业向第二、第三产业转移，工业生产也从劳动密集型向技术密集型转变。但较发达国家而言，我国第三产业还处于初步发展阶段，尤其是科技、信息、金融等高端服务业的发展仍处于较低水平。因此，积极推动新型城镇化与产业结构升级联动，是实现经济高质量发展的重要途径，得到学术界的广泛关注。目前，对于城镇化与产业结构升级之间的研究主要集中在以下三个方面。

一是，城镇化对产业发展的影响研究。大多数学者认为，城镇化可以发挥吸纳就业、完善基础设施、经济集聚等方面的作用，带动产业的升级与优化，促进工业化进程。吴福象和沈浩平（2013）基于长三角城市群16个核心城市的实证分析发现：城镇化不仅促进了人口资本等要素的空间流动，而且城市群对基础设施较大比例的投资，能吸引更多的产业布局，进而推动了地区产业结构转型升级。李春生（2018）发现，城镇化对产业结构升级的作用机制分为微观（改善供给质量、提高需求水平和促进市场完善）、中观（产业集聚、产业集群和产业转移）和宏观（国际贸易、国际投资和政府作用）三个层面，表现为多条影响路径。此外，另一部分学者则认为，短期内城镇化并未对产业结构升级产生积极影响，且具有地区差异性。葛金田和张小涵（2018）认为新型城镇化对产业结构升级的影响具有区域差异性，表现为东部和中部地区的城镇化未能明显促进产业结构升级，而西部地区的城镇化对产业结构升级具有明显地推动作用。孔丹丹和刘峥（2021）指出，由于我国城镇化发展速度很快，从短期来看，第二产业和第三产业的发展速度远低于城镇化的速度，所以城镇化对产业结构升级的直接效应在短期内不显著，长期效应显著为正。

二是，产业发展对城镇化的影响机制研究。产业结构的调整是城镇化可持续发展的动力机制，为城镇化进程提供了内在支撑（李晓梅和赵文彦，2013）。只有产业持续发展，才能不断增强城镇人口的吸纳能力，完善城镇功能的区域边界（黄勤和杨爽，2014）。于骥（2017）实证分析表明：东部地区城镇化发展主要得益于产业结构高级化的推动；中部地区城镇化发展受产业结构合理化和高级化共同作用；西部地区产业结构合理化对城镇化的促进作用明显。随后，吴穹等（2018）研究也发现：产业结构合理化与产业结构高级化对新型城镇化均有显著正向促进作用，产业结构高级化对新型城镇化的边际效应是产业结构合理化的函数，并提出了区域以产业结构合理化为根基发展产业结构高级化。此外，还有学者从技术创新、要素流动、集聚效应等方面分析了产业发展对城镇化的影响。宋瑛等（2019）认为制造业集聚在推动本地区新型城镇化建设的同时，其空间溢出效应还能有力带动周边地区城镇化进程。金浩等（2020）通过分析生产性服务业与制造业协同集聚对城镇化综合水平的非线性影响，实证研究表明人力资本水平的不同阶段，产业协同集聚对于城镇化具有从弱到强的积极影响。产业协同集聚必须迈过产业规模和产业发展潜能门槛值时，才能发挥对城镇化的正向作用。

三是，城镇化与产业发展的协调演进研究。城镇化和产业发展是协调推进的良性循环关系，其协调发展水平的高低，将影响着经济社会的可持续发展。杜传忠等（2013）对我国现阶段工业化与城镇化系统的耦合协调度进行了实证分析研究，结果表明：我国工业化与城镇化的协调水平总体偏低，且东部沿海地区二者的协调水平相对较高，中西部地区的协调水平较低。魏敏和胡振华（2019）构建新型城镇化与产业结构演变耦合协调性评价体系，发现各省份新型城镇化与产业结构演变耦合协调性水平总体较好，但仍有待提升，离优质协调还有较大差距，并且存在明显的区域差异，呈现从东至西递减现象。张潇晗等（2020）探究2008～2018年江苏省新型城镇化与产业结构演进协调发展的时空分布格局及其发展情况，江苏省新型城镇化水平显著提升，整体呈现波动式增长，其发展速度快于产业结构演进。同时，两者的协调发展经历了由低度协调向极度协调的转变，协调发展水平呈现苏南＞苏中＞苏北的特征。胡元瑞等（2020）研究表明，我国产业转型升级与新型城镇化水平不断上升，耦合协调度存在较大差异，仅有北京、上海和天津的耦合协调程度相对较高，大部分省份处于中度耦合协调阶段。此外，还有不少学者将城镇化与特类具体产业的协调度进行量化分析，例如，新型城镇化与物流业耦合发展程度及其影响因素（吴垚和倪卫红，2020）；金融产业集聚与新型城镇化耦合协调关系时空分异研究（俞思静和徐维祥，2016）；旅游产业与新型城镇化耦合协调动态关系研究（孙长城等，2021）。

7.2 城镇化与产业结构的耦合机理分析

城镇化发展是全球经济转型的一大特点，工业化发展进程推进了产业结构的转变，这势必会带动城市地域形态的转变，从而推动城镇化的发展，现代经济发展主要是由于新型产业的发展和产业结构不断的演变所带动的结果，所以，产业结构演变促使的产业增长是现代社会新型城镇化发展的重要动力机制。另外，城镇化发展将会促进区域的供给、需求和资源配备等方面，所以城镇空间扩展、开发和职能体系的变化也将对产业结构演变带来激励效应。综上，产业增长及其结构演变与城镇化发展之间存在着相互作用关系。

从现阶段我国发展现状来看，产业结构的演变与城镇化发展有直接的联系，城镇化的发展必然会促进产业结构升级，产业结构调整是拉近城乡距离、促进城镇化发展的重要影响因素。根据地理学家诺瑟姆的研究成果，城镇化发展会经历30%以下初始阶段，30%~70%加速阶段，70%以上稳定阶段三个阶段。[①]

根据相关统计资料可知，2000年我国城镇化率为36.22%，到2014年，城镇化率已经上升到54.77%，15年间平均每年以1.24%的速度增长。在2000年第一产业比重为15.06%，到2014年降低到9.17%，以平均每年0.39%的速度优化。第二产业与第三产业比重基本持平，分别为2000年的45.33%、39.94%，以及2014年的48.68%、40.86%，前后对比差异较小（无统计学意义：$P > 0.05$）。所以，产业结构的演变与城镇化发展有一定的同步性，由于我国城镇化发展尚未达到70%。[②] 所以，产业结构上还需要进行进一步地优化，以促进我国加快城镇化建设步伐。

在城镇化发展初期阶段，由于城镇化刚刚起步，产业结构演变也处在初始阶段，此时两者的互动作用不强，可以看作是单一产业结构演变。城镇发展的重点在于核心市区的发展，然而除了核心市区以外的其他区域经济水平低下，聚集能力较弱，尚未达到城市扩展水平，导致城镇化发展十分缓慢。随着工业化的推进，在城镇发展过程中聚集了大量工业产业，在吸引劳动力和经济体的基础上，城镇化发展速度逐渐加快，此

---

① 陈明星，叶超，周义. 城市化速度曲线及其政策启示——对诺瑟姆曲线的讨论与发展 [J]. 地理研究，2011 (8)：1499 –1507.

② 李书峰，王维才. 产业结构演变与新型城镇化互动机理及其反馈机制 [J]. 城市发展研究. 2016 (3)：1 –4.

时的城市空间扩张能力也逐渐增强。

城市的规模也逐渐扩大，通过构建交通网络，加强中心资源的空间转移，形成郊区城市化现象。城市的向外扩展拉近了城乡距离，为落后的农村提供经济支持和发展动力，保证了城市中心与郊区的通勤流，促进城市与郊区的共同发展。

随着区域经济的发展，在特定区域中形成多个中心城市是当前城市化发展的主要组织方式。在此时期，城镇化的特定区域内会形成相互之间紧密联系又相对独立的经济主体，同时由于市中心的经济带动，与其相近的城市或郊区的产业分工已经逐渐凸显，从而形成整合发展态势。

由此可以看出，城镇化群体发展是产业结构调整后的响应，这种发展方式不仅构成了群体城镇发展，还促进了城市经济的整合，例如，我国的上海和南京两个主要城市线上的沪、苏、锡、宁（李书峰和王维才，2016）。

7.2.1 区域内城镇化与产业集聚的交互作用

城镇化为集聚经济发展带来正外部性，能够汲取周边各处分散的资源和要素，实现了区域内的"时空邻近度"，为企业追逐利益提供了物质基础，为产业集聚提供了根本保障：（1）城镇化形成了劳动力蓄水池，聚集企业可以共享劳动力市场，降低劳动力成本；（2）带动基础设施投资，为企业提供基础设施共享，引导产业在区域内集聚，城镇规模的扩大也增强了对产业集群扩张的承载力；（3）建立和形成了大量的信息、技术、人才、资金平台，为调整产业结构和深化产业分工提供了内在动力，推进产业结构走向高级阶段。同时，城镇化将吸引更多的同类企业汇聚，促进相关产业链形成。由于行业具有互补共生的优势，促进互补性产业的集聚。产业链通过不断演化和自身升级，有利于产业、就业结构向高级化发展，扩大经济活动辐射范围，实现资源在地理空间上的共享，推动产业技术水平提升和地方经济增长，进一步形成规模经济效益。

产业集聚有较强的向心作用，通过吸收周边地区的生产要素，具有"扩散效应"和"结构效应"。一方面，产业集聚能够使企业专业化分工协作体系更加明确，形成完整的产业链专业化生产模式，促进了城镇的吸引效力也随之不断增强。另一方面，区域内产业集聚具有"结构效应"，产业内竞争的增强促使产业集聚结构日趋合理化与高级化，带动了各个层次的人口集聚，优化了城市（镇）就业结构，也将进一步改善城镇第二、第三产业的经济结构，促进城乡经济融合，增强了城镇经济的综合实力。当产业集聚达到相对饱和时，继续发展将会带来负的外部效应，即"拥挤效应"。当产业过度集聚时，要素比例失衡出现负外部性，对推动城镇化发展的边际贡献会逐渐变小，对城镇化的推进产生阻碍作用，导致各种"城市病"随之出现。

7.2.2　区际间城镇化的相互影响

一个区域的城镇化对另一个区域城镇化产生的影响，主要是虹吸效应和溢出效应。一方面，相较于相邻区域，发展水平较高的城镇化区域具有优势作用，吸收了大量相邻区域的资源和要素，尤其是高层次人才和大量投资的汇聚，形成了以其为经济核心的发展结构，其在生产要素输入和产品输出上将获得更大的主导权及决定权，使相邻区域失去产业发展先机，因流失资源而发展减缓。另一方面，该城镇化区域直接影响相邻区域产品的交易价格和次数，激活其他相关区域经济，带动相邻区域发展。同时，发展水平较高的城镇化区域的先进知识、技术、管理经验、发展模式，以及创新性思维等会溢出到相邻区域，这些显性知识和隐性知识通过转化和应用，在一定程度上能够推动相邻区域城镇化的发展。

7.2.3　区际间产业集聚的相互影响

一个区域的产业集聚对相邻区域的产业集聚具有产业关联效应，即产业的发展必然会带动其前向及后向产业，邻近区域以价值为核心，或主动或被动地参与产业链的分工与协作，有效衔接和完善了相应的产业发展延伸，打破了地区空间距离的分割，使各区域之间的网格区间密集化，降低各类物资的运输成本和时间成本，使各区域连成一个整体，缩短创新周期，加速地区经济活动的集聚效应。相邻地区同类产业间存在竞争效应：如果地域相近或相邻，经济结构相似，产业定位相同，随着区域经济的发展，为了争夺有限的发展空间，彼此之间将产生强烈的排斥性，不可避免地陷入竞争效应。

另外，产业结构变化会影响城镇化的发展，我们一般称之为耦合发展。"耦合"一词来源于物理学，表示两个或两个以上系统相互作用进而彼此影响的现象。产业结构和城镇化发展有显著的耦合特征。一方面，城镇化是产业结构调整的空间载体，并为其提供要素条件。首先，城镇规模扩张为产业升级创造新的土地空间，吸引农村剩余劳动力向城市及周边地区转移，为产业结构演变输送劳动力。同时，城镇人口增加带动居民消费，促进大量生产要素聚集到城镇及周边地区，大大提高市场竞争力。其次，城镇先进的基础设施建设会促进人才和资本聚集，降低运输成本。此外，城镇化能细化产业分工，提高企业技术创新能力，推动传统产业向新兴产业转型，使产业结构升级更趋于合理化、高级化。另一方面，产业结构是发展城镇化的动因，通过产业转移、要素流动推动其发展。产业结构的优化升级主要表示为发展重心从第一产业转变为第二、第三产业。产业结构的调整会增加对高新技术人才的需求，促进人口向城镇聚集。同时，产业结构升级可以改善就业结构，提供类型更丰富的就业岗位给农村剩余劳动力和高新技术人才，并促使劳动力学习新技术。除此之外，随着产业结构的调整，城镇地区的资源流动会辐射到周边城市，拉动周边地区经济水平提高，从而进一步扩大城镇规模。总之，产业结构和城镇化进程是两个相辅相成、相互依托的子系统，二者共同构成一个耦合系统（见图 7 – 1）。

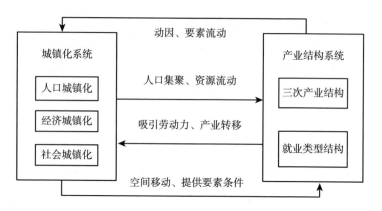

图 7-1　城镇化与产业结构耦合机制

7.3 城镇化与产业结构的协调演进关系分析

城镇化发展是全球经济转型的一大特点，工业化发展进程推进了产业结构的转变，这势必会带动城市地域形态的转变，从而推动城镇化的发展。现代经济发展主要是由于新型产业的发展和产业结构不断地演变所带动的结果，所以，产业结构演变促使的产业增长是现代社会城镇化发展的重要动力机制。另外，城镇化发展将会促进区域的供给、需求和资源配备等方面，所以城镇空间扩展、开发和职能体系的变化也将对产业结构演变带来激励效应。综上，产业增长及其结构演变与城镇化发展之间存在着相互作用关系。

7.3.1　城镇化与产业结构的联动要素分析

重大生产力布局与人口流动通过交通网络布局、产业区域差异化发展、人口和经济要素流动等方面驱动全国层面的城镇化与产业发展格局变化。劳动生产率提高与人力资本提升是人类社会发展的必然趋势，是推动城镇化工业化同步转型升级的重要动力。新科技革命与产业变革将催生形成更多新的城镇化与产业形态，为人口和经济要素集聚提供更多新的载体空间。城乡规划建设新理念新模式将促进重新审视塑造以人为本的发展空间。

城镇化与产业结构升级联动存在供需平衡、投资联动和要素集散三大效应（见图7-2）。首先，在供需关系上城镇化创造和引领需求工业化及产业转型升级满足人口需求不断增长的各种供给，城镇化和产业升级之间存在供需平衡效应。其次，从投资角度看城镇化创造城市规划建设的投资需求，为提升城市承载力，需要不断增加对城市基础设施、公共服务和产业发展等领域的投资，新型城市规划建设理念和模式催生更多新的投资增长点，相应的产业转型升级有利于为城镇规划建设提供支撑保障。如新型基础设施领域投资依赖于新一代信息技术及相关产业的发展，显然，城镇化和产业升级之间存在投资联动效应。再次，从要素流动角度看，城镇化为人口和产业发展提供载体支撑，产业结构升级有利于加速产能置换，这个过程会促进人口和经济要素流动，从而不断提高

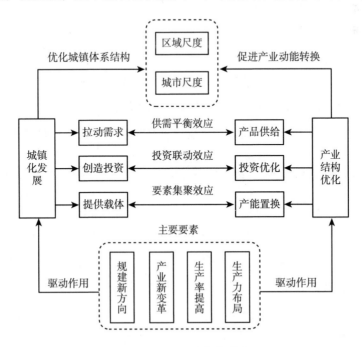

图7-2 城镇化与产业结构的联动作用机理

城镇化的空间效率和品质，因此城镇化与产业结构升级之间存在要素集散效应。最后，从相互作用尺度看，城镇化与产业结构转型通过供需平衡效应、投资联动效应、要素集散效应等方面的相互作用影响，最终将在区域和城市等不同尺度上进一步优化城镇体系结构和促进产业动能加速转换升级，从而更好地满足人的发展需求、引导人口和经济要素有序流动和高效配置、培育形成更多新的增长点，有力支撑现代经济体系建设，促进高质量发展（高国力和张燕，2021）。

7.3.2 城镇化与产业结构的联动目标分析

1. 目标导向：释放内需协同拉动国内巨大的消费投资需求

扩大内需是今后一段时期我国的战略选择，这是坚持目标导向。随着中心城市、都市圈和城市群的集聚效应不断释放，有利于推动更高水平的城市规划建设，从需求侧拉动产业转型升级。从产业转型升级看，以京津冀地区、长三角地区和粤港澳大湾区为动力源，东部地区产业加速提档升级，新兴产业加快发展产业投资潜能进一步释放。中西部和东北地区随着人力资本的提升和承接东部沿海产业转移，投资潜力有待进一步挖掘。在城镇化与产业转型升级中，要挖掘释放我国内需市场，为形成以国内大循环为主体、国内国际双循环相互促进的新发展格局做出积极贡献。

2. 结果导向：就业优先引导人口和经济要素有序高效流动

充分的就业供给是保障人的发展需求，这是坚持结果导向。从全国层面看，要顺应人口回流和产业梯度转移趋势，有序引导部分人口和产业向中西部地区集聚，让中西部地区大多数人就地就近实现安居乐业；从城市层面看，有序控制大城市人口规模，积极引导大城市部分功能向中小城市疏解，保障市民就业机会；从城乡融合看，既要提供更多的城镇就业岗位吸引人口向城镇转移落户，也要通过城市人才、技术和资本下乡，带动农村特色产业发展，为守在农村的农民提供更多可选择的就业机会。

3. 问题导向：保障安全，增进城市安全与产业安全的联动性

各类安全风险日益暴露，保障安全就是坚持问题导向。一方面，依靠城镇化引导人力资本提升、知识积累和消费升级等，通过补齐产业链短板，将过度依赖国际市场的创新链产业链环节尽可能实现国产化，提高我国产业链的稳定性。另一方面，充分运用新理念新技术手段推动城市规划建设，倒逼有关业态和产业转型升级，积极用产业化手段推动智慧城市、精明城市、柔性城市和绿色城市建设，完善城市安全系统建设，增强城市的安全性。

7.4 浙江城镇化与产业发展的协调发展分析

7.4.1 协调发展分析方法

浙江城镇化与产业发展的协调研究文献已有一部分，学者也积累了一些耦合研究方法，翁异静等（2021）采用了熵值法设计的产业结构和新型城镇化耦合模型，具有较高的适应性。因此本书以该文的模型作为基础，选取浙江省 11 个地级市 2006～2021 年的面板数据来进行分析，这些数据主要来源于《浙江统计年鉴》《中国城市统计年鉴》《浙江省国民经济与社会发展统计公报》及 11 个地级市的统计年鉴。产业结构和城镇化系统之间存在内生互动性，因此先对两者做平稳性检验和协整检验。其中，产业结构用三次产业结构和就业类型结构表示，三次产业结构所占比例依次用 C_1、C_2、C_3 表示；三次产业就业类型结构的人员所占比例依次用 J_1、J_2、J_3 表示，城镇化用城镇化率 f 来表示。为减少原始数据的波动性，保持数据的稳定性，将数据进行对数处理。

1. 熵值法

由于原始数据量纲不同，选择极差标准化方法预处理数据，计算公式如下：

$$Y_{ij} = \frac{X_{ij} - X_{i\,min}}{X_{i\,max} - X_{i\,min}} + 1 \qquad\qquad (7-1)$$

标准化后的值为 Y_{ij}，$i=1，2，\cdots，a，j=1，2，\cdots，b$，$X_{ij}$ 表示第 i 年第 j 个指标的统计值，$X_{i\,max}$、$X_{i\,min}$ 分别为指标的最大值和最小值。

下面运用熵值法依次求出各项指标的权重，其计算过程如下。

（1）第 i 年第 j 个指标的指标值所占比重为 P_{ij}，得出：

$$P_{ij} = \frac{Y_{ij}}{\displaystyle\sum_{i=1}^{a} Y_{ij}} \qquad\qquad (7-2)$$

（2）第 j 个指标的熵值为 E_j，其中 m 为 11 个地级市，因此设 $m=11$，得出：

$$E_j = -\frac{1}{\ln m \displaystyle\sum_{i=1}^{a} p_{ij}\ln p_{ij}} \qquad\qquad (7-3)$$

（3）第 j 个指标的权重为 W_j，得出：

$$W_j = \frac{1 - E_j}{\displaystyle\sum_{j=1}^{b} (1 - E_j)} \qquad\qquad (7-4)$$

表 7-1　　　　　　　产业结构与城镇化评价指标体系及指标权重

一级指标	二级指标	三级指标	权重
产业结构	三次产业结构	第一产业占 GDP 比重（%）	0.1635
		第二产业占 GDP 比重（%）	0.1739
		第三产业占 GDP 比重（%）	0.1697
	就业类型结构	第一产业就业人员占比（%）	0.1628
		第二产业就业人员占比（%）	0.1696
		第三产业就业人员占比（%）	0.1702
城镇化	人口城镇化	城镇化率（%）	0.1576
	经济城镇化	人均固定资产投资（元）	0.1394
		人均生产总值（元）	0.1581
		人均社会消费品零售总额（元）	0.1543
	社会城镇化	万人拥有医疗卫生机构床位数（张）	0.1437
		人均绿地面积（平方米）	0.1376
		普通中学在校人数（人）	0.1439

再根据表7-1中的权重算出两个系统综合发展指数，计算公式如下：

$$CY = \sum_{i=1}^{a} W_j P_{ij}, \quad CS = \sum_{j=1}^{b} W_j P_{ij} \qquad (7-5)$$

其中，CY 表示产业结构综合发展指数，综合发展指数的每一个指标对应的数值可以代表在某年度综合发展的水平。CS 表示城镇化综合发展指数，P_{ij} 表示指标值比重，W_{ij} 表示指标权重。

2. 耦合协调度模型

根据相关研究，耦合度可以用以下公式表示：

$$C = \left\{ \frac{CY \times CS}{\left[\frac{CY + CS}{2} \right]^2} \right\}^k \qquad (7-6)$$

其中，C 表示耦合度，在 0~1 之间取值，C 越接近1，表示两系统间耦合度越大，k 为调节系数，本书研究产业结构和城镇化两个系统，所以 k = 2。但耦合度 C 不能反映出两系统之间的综合协调发展水平，当两者发展程度都较低时，高耦合度的情况也可能存在。所以进一步利用耦合协调度模型算出两者协调程度，公式如下：

$$D = \sqrt{C \times T}, \quad T = \alpha \cdot CY + \beta \cdot CS \qquad (7-7)$$

其中，α、β 分别为产业结构和城镇化在综合系统中的权重，因为两者在系统中地位相同，因此两者都取 0.5。为更细致地表示各地区产业结构和城镇化系统的耦合协调程度，同时体现该地区产业结构和城镇化水平的高低，将耦合协调度细分为 18 个协调发展类型，并且若 CY 与 CS 的差的绝对值小于 0.1，认为两者基本同步发展。具体耦合协调度评价标准和类型划分如表 7-2 所示。

表 7-2　　　　　　　　　　　耦合协调度评价标准

耦合协调度 D	等级	CY 和 CS 的对比关系	协调发展类型
0.8 < D ≤ 1.0	优质耦合协调	CY – CS > 0.1	优质耦合协调城镇化滞后型
		CS – CY > 0.1	优质耦合协调产业结构滞后型
		0 ≤ | CY – CS | ≤ 0.1	优质耦合协调同步发展型

耦合协调度 D	等级	CY 和 CS 的对比关系	协调发展类型
0.7 < D ≤ 0.8	良好耦合协调	CY－CS > 0.1	良好耦合协调城镇化滞后型
		CS－CY > 0.1	良好耦合协调产业结构滞后型
		0 ≤	CY－CS	≤ 0.1	良好耦合协调同步发展型
0.6 < D ≤ 0.7	中度耦合协调	CY－CS > 0.1	中度耦合协调城镇化滞后型
		CS－CY > 0.1	中度耦合协调产业结构滞后型
		0 ≤	CY－CS	≤ 0.1	中度耦合协调同步发展型
0.5 < D ≤ 0.6	初级耦合协调	CY－CS > 0.1	初级耦合协调城镇化滞后型
		CS－CY > 0.1	初级耦合协调产业结构滞后型
		0 ≤	CY－CS	≤ 0.1	初级耦合协调同步发展型
0.4 < D ≤ 0.5	勉强耦合协调	CY－CS > 0.1	勉强耦合协调城镇化受损型
		CS－CY > 0.1	勉强耦合协调产业结构受损型
		0 ≤	CY－CS	≤ 0.1	勉强耦合协调城镇化受损型
0 < D ≤ 0.4	严重失调衰退	CY－CS > 0.1	严重失调城镇化受损型
		CS－CY > 0.1	严重失调产业结构受损型
		0 ≤	CY－CS	≤ 0.1	严重失调城镇化受损型

7.4.2 三次产业结构、就业类型结构与城镇化的单位根、协整检验

1. 单位根检验

单位根检验是指检验序列中是否存在单位根，因为存在单位根就是非平稳时间序列，那么序列中存在单位根过程就不平稳了，一般会使回归分析中存在伪回归。为避免伪回归，选取 ADF 方法对数据做单位根检验。ADF 检验是单位根检验的方法之一，实际就是检验数据序列的平稳性，如果存在同阶平稳，就可以对它们进行协整检验。三次产业结构中 C_1、C_2、C_3 和 f（城镇化率）序列的单位根检验结果显示为非平稳，经过一阶差分后 P 值为 0，序列表现较为平稳，说明城镇化率与三次产业结构占比一阶单整；就业类型结构中 J_1、J_2、J_3 和 f（城镇化率）一阶差分后平稳，城镇化

率与三次产业就业类型人员占比也为一阶单整序列，可继续做协整检验。

2. 协整检验

协整即存在共同的随机性趋势。协整检验的目的是决定一组非平稳序列的线性组合是否具有稳定的均衡关系，伪回归的一种特殊情况即是两个时间序列的趋势成分相同，此时可能利用这种共同趋势修正回归使之可靠。正是由于协整传递出了一种长期均衡关系，若是能在看来具有单独随机性趋势的几个变数之间找到一种可靠联系，那么通过引入这种"相对平稳"对模型进行调整，可以排除单位根带来的随机性趋势，即所称的误差修正模型。

在进行时间序列分析时，传统上要求所用的时间系列必须是平稳的，即没有随机趋势或确定趋势，否则会产生"伪回归"问题。但是，在现实经济中的时间系列通常是非平稳的，我们可以将其进行差分把它变平稳，但这样会让我们失去总量的长期信息，而这些信息对分析问题来说又是必要的，所以用协整来解决此问题。考（Kao，1999）、考和江（Kao and Chiang，2000）利用推广的 DF 和 ADF 检验提出了检验面板协整的方法，这种方法用零假设得出的是没有协整关系，并且利用静态面板回归的残差来构建统计量。

因此，本书进一步对两组变量进行 Kao 协整检验。依据 AIC 准则定两组变量滞后期均为 2，协整检验结果如表 7 – 3 所示。原假设不存在协整关系，P 值分别为 0.0997 和 0.0024，都在 10% 水平上强烈拒绝"不存在协整关系"的原假设，说明 C_1、C_2、C_3 和 f，以及 J_1、J_2、J_3 和 f 都分别存在长期稳定的均衡协整关系。

表 7 – 3 协整检验结果

	t 统计量	P 值
三次产业结构和城镇化 ADF 值	– 1.3282	0.0997
就业类型结构和城镇化 ADF 值	t 统计量	P 值
	– 2.8976	0.0024

7.4.3 浙江省产业结构和城镇化耦合协调度测算分析

1. 浙江省产业结构与城镇化综合发展指数分析

采取标准化后的原始数据与各指标的权重相乘，便可计算出 2006 ~ 2021 年浙江省城镇化和产业结构演变的综合发展指数（见表 7 - 4）。

表 7 - 4　2006 ~ 2021 年浙江省城镇化和产业结构演变的综合发展指数

年份	产业结构综合发展指数（CY）	城镇化综合发展指数（CS）	CY - CS	年份	产业结构综合发展指数（CY）	城镇化综合发展指数（CS）	CY - CS
2006	0.46	0.22	0.24	2014	0.42	0.41	0.01
2007	0.45	0.23	0.22	2015	0.42	0.46	- 0.04
2008	0.44	0.25	0.19	2016	0.41	0.49	- 0.08
2009	0.43	0.21	0.22	2017	0.41	0.51	- 0.10
2010	0.44	0.26	0.18	2018	0.41	0.52	- 0.11
2011	0.43	0.31	0.12	2019	0.40	0.54	- 0.14
2012	0.43	0.34	0.09	2020	0.40	0.47	- 0.07
2013	0.42	0.39	0.03	2021	0.40	0.51	- 0.11

根据表 7 - 4 的数据，将 2006 ~ 2021 年浙江省城镇化和产业结构的综合发展指数绘制出折线图（见图 7 - 3），便可直接观察出两者的发展趋势。

首先，浙江省城镇化系统和产业结构综合发展水平均呈现不同程度的发展趋势。从城镇化综合发展指数看，浙江省城镇化发展水平在样本期间，整体上呈现快速上升趋势，从 2006 年的 0.22 上升到 2021 年的 0.51，增长幅度为 131.8%。从产业结构综合发展指数看，2006 ~ 2021 年间浙江省产业结构综合发展指数是逐年递减的，由 2006 年的 0.46 下降到 2021 年的 0.40，下降幅度为 13.0%。

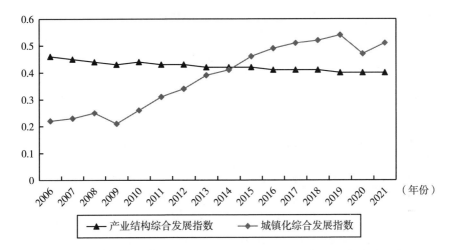

图 7 - 3　2006 ~ 2021 年浙江省产业结构与城镇化综合发展指数变化

　　其次，浙江产业结构与城镇化耦合发展过程分为两个阶段：一是，产业结构主导型阶段（2006 ~ 2014 年），这一阶段浙江省把推进产业结构优化升级作为加快转变经济发展方式的重大任务，大力发展现代服务业，实现从"二三一"到"三二一"的历史性跨越。二是，城镇化主导型阶段（2015 ~ 2021 年），2015 年城镇化综合发展水平达到 0. 46，明显高于产业结构综合发展水平。浙江省城镇化对产业结构的促进作用高于产业结构对城镇化的倒逼作用，即城镇化水平略高于产业结构，为城镇化引领型。从发展态势来看，在很长一段时间内浙江省会保持城镇化主导型阶段。

　　最后，产业结构综合发展指数还是比较平稳的，而城镇化综合发展指数在 2009 年、2020 年先后出现一定的波动。究其原因，应该是世界金融危机的刺激、新冠疫情等对城镇化发展产生了较大影响。

2. 浙江省产业结构与城镇化的耦合度和耦合协调度分析

　　根据耦合协调度模型计算公式和耦合协调度评价标准，利用浙江省城镇化和产业结构综合发展指数值，可计算出两者之间的耦合协调度及协调发展类型（见表 7 - 5）。

表 7 - 5　　　　　2006 ~ 2021 年浙江省产业结构与城镇化耦合协调度
及协调发展类型

年份	耦合度 C	耦合协调度 D	协调发展类型	年份	耦合度 C	耦合协调度 D	协调发展类型
2006	0.87	0.54	初级耦合协调	2014	0.94	0.61	中度耦合协调
2007	0.90	0.55	初级耦合协调	2015	0.94	0.62	中度耦合协调
2008	0.92	0.56	初级耦合协调	2016	0.94	0.63	中度耦合协调
2009	0.87	0.51	初级耦合协调	2017	0.94	0.64	中度耦合协调
2010	0.92	0.57	初级耦合协调	2018	0.94	0.65	中度耦合协调
2011	0.94	0.58	初级耦合协调	2019	0.94	0.66	中度耦合协调
2012	0.95	0.59	初级耦合协调	2020	0.91	0.60	中度耦合协调
2013	0.95	0.60	中度耦合协调	2021	0.92	0.62	中度耦合协调

根据表 7 - 5 的数据，可绘制出浙江省产业结构与城镇化耦合值变化图（见图 7 - 4）。

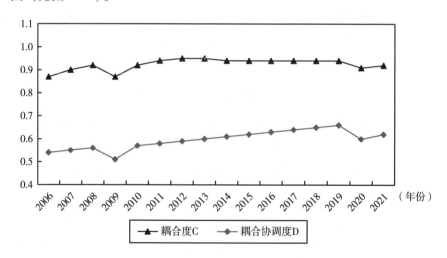

图 7 - 4　2006 ~ 2021 年浙江产业结构与城镇化耦合值变化

通过分析表 7 - 5 和图 7 - 4 可以看出，2006 ~ 2021 年浙江省产业结构与城镇化耦合协调度 D 介于 0.54 ~ 0.62 之间，整体呈不断上升态势，但整体耦合协调度还较低，两大系统间的同步性、关联性还有待加强。2006 ~ 2012 年浙江省处于产业结构和城镇化初级耦合协调阶段，2013 年耦合协调度 D 达到 0.60，进入中度耦合协调阶段。以 2013 年为时间节点，之后产业结构与城镇化耦合发展水平逐步提升。这说明浙江省小城市培育试点取得了明显成效，从 2011 年起，浙江省全面实施小城市培育试点三年行动计划（2011～2013 年），城镇格局和城市服务功能加速提升，城镇化和产业结构协调性明显增强，为促进产城融合发展以及经济社会发展起到了一定促进作用。

7.4.4 浙江各市产业结构和城镇化耦合协调度测算分析

1. 浙江各市产业结构与城镇化耦合协调性的时间演变差异

采取上述同样的方法和计算模型，可以计算出浙江省各市产业结构与城镇化耦合度及耦合协调度（见表 7-6 和表 7-7）。

表 7-6　　2006～2021 年浙江省各市级产业结构与城镇化的耦合度（C）分析

年份	杭州	宁波	温州	绍兴	嘉兴	湖州	金华	台州	衢州	舟山	丽水
2006	0.998	0.995	0.988	0.951	0.946	0.878	0.936	0.933	0.665	0.861	0.779
2007	0.999	0.997	0.993	0.963	0.958	0.893	0.954	0.948	0.721	0.885	0.802
2008	1.000	0.999	0.994	0.972	0.966	0.911	0.962	0.957	0.758	0.915	0.829
2009	1.000	0.995	0.954	0.927	0.940	0.885	0.906	0.901	0.712	0.933	0.773
2010	0.998	0.999	0.996	0.986	0.982	0.943	0.975	0.956	0.824	0.950	0.874
2011	0.995	0.999	0.999	0.995	0.990	0.958	0.986	0.979	0.865	0.966	0.906
2012	0.989	0.995	1.000	0.998	0.993	0.968	0.993	0.986	0.887	0.978	0.921
2013	0.978	0.991	0.999	0.998	0.998	0.980	0.997	0.992	0.912	0.990	0.927
2014	0.973	0.990	0.999	1.000	0.999	0.985	0.999	0.996	0.931	0.993	0.945
2015	0.962	0.984	0.998	1.000	1.000	0.991	1.000	0.999	0.956	0.997	0.959
2016	0.957	0.979	0.995	0.998	0.999	0.996	0.999	0.999	0.971	0.999	0.970
2017	0.950	0.973	0.992	0.997	0.996	0.999	0.998	1.000	0.979	1.000	0.977
2018	0.939	0.968	0.989	0.994	0.995	1.000	0.998	0.999	0.982	1.000	0.982
2019	0.935	0.951	0.968	0.986	0.987	0.999	0.997	0.997	0.979	0.979	0.979
2020	0.897	0.911	0.945	0.957	0.958	0.976	0.975	0.977	0.959	0.976	0.958
2021	0.912	0.922	0.953	0.969	0.971	0.984	0.986	0.988	0.967	0.985	0.960

表7-7　　　　2006～2021 年浙江省各市级产业结构与城镇化的
耦合协调度（D）分析

年份	杭州	宁波	温州	绍兴	嘉兴	湖州	金华	台州	衢州	舟山	丽水
2006	0.641	0.624	0.608	0.566	0.564	0.522	0.548	0.553	0.422	0.525	0.475
2007	0.652	0.638	0.614	0.577	0.576	0.532	0.562	0.566	0.447	0.542	0.483
2008	0.665	0.649	0.622	0.590	0.584	0.547	0.574	0.577	0.461	0.558	0.497
2009	0.648	0.617	0.558	0.541	0.556	0.528	0.525	0.529	0.432	0.568	0.466
2010	0.681	0.667	0.631	0.615	0.607	0.566	0.591	0.594	0.485	0.586	0.517
2011	0.697	0.680	0.645	0.628	0.618	0.580	0.603	0.605	0.507	0.606	0.533
2012	0.712	0.692	0.648	0.642	0.628	0.595	0.619	0.616	0.517	0.624	0.546
2013	0.729	0.713	0.661	0.653	0.649	0.609	0.634	0.627	0.535	0.642	0.551
2014	0.737	0.715	0.665	0.659	0.661	0.615	0.639	0.635	0.548	0.653	0.567
2015	0.753	0.726	0.678	0.668	0.671	0.627	0.651	0.649	0.567	0.670	0.578
2016	0.767	0.736	0.687	0.679	0.686	0.636	0.662	0.655	0.582	0.686	0.590
2017	0.778	0.747	0.692	0.684	0.684	0.648	0.667	0.671	0.590	0.697	0.597
2018	0.787	0.753	0.701	0.689	0.657	0.657	0.669	0.680	0.593	0.678	0.601
2019	0.795	0.767	0.724	0.713	0.691	0.671	0.674	0.695	0.596	0.695	0.605
2020	0.776	0.739	0.695	0.678	0.667	0.634	0.637	0.672	0.547	0.671	0.577
2021	0.789	0.762	0.713	0.691	0.682	0.649	0.648	0.679	0.558	0.684	0.586

本书将浙江产业结构和新型城镇化耦合协调度平均值分为四个时间段：2006～2009 年、2010～2013 年、2014～2017 年、2018～2021 年，分别对浙江省 11 个市进行耦合协调度的时序性分析（见表7-8），以求从不同视角得到更准确、更全面的结论。

表7-8　　　浙江省地级市不同时间段的产业结构与城镇化耦合协调度平均值

时间段	杭州	宁波	温州	绍兴	嘉兴	湖州	金华	台州	衢州	舟山	丽水
2006～2009 年	0.65	0.63	0.60	0.57	0.57	0.53	0.55	0.56	0.44	0.55	0.48
2010～2013 年	0.70	0.69	0.65	0.64	0.63	0.59	0.61	0.61	0.51	0.61	0.54
2014～2017 年	0.76	0.73	0.68	0.68	0.68	0.63	0.65	0.65	0.57	0.68	0.58
2018～2021 年	0.79	0.76	0.71	0.70	0.68	0.65	0.66	0.68	0.57	0.68	0.59

由表7-8可以计算出，2006～2009 年浙江省 11 个地区耦合协调度

平均值为 0.56,说明这 11 个地级市平均可以达到初级耦合协调程度。从分地区来看,丽水、衢州处于勉强耦合状态,绍兴、嘉兴、湖州、金华、台州、舟山处于初级耦合协调,杭州、宁波、温州则达到中度耦合阶段。2010~2013 年各市耦合协调度有大幅提升,耦合协调度平均值为 0.67,杭州的耦合协调度平均值达到 0.70,进入良好耦合协调阶段;宁波、温州、绍兴、嘉兴、金华、台州、舟山处于中度耦合协调阶段;湖州、衢州、丽水处于初级耦合协调阶段。2014~2017 年,宁波作为副省级城市耦合协调度平均值超过 0.70;处于良好耦合协调阶段的城市有杭州和宁波,除了衢州仍处于初级耦合协调阶段,其他 8 个城市均处于中度耦合协调阶段。2018~2021 年,两大系统耦合协调向更加理想的状态发展,杭州、宁波、温州处于良好耦合协调阶段,绍兴、嘉兴、湖州、金华、台州、舟山、丽水、衢州处于中度耦合协调阶段(见表 7-9)。

表 7-9 浙江省各地级市不同时间段的耦合协调度层次划分

时间段	勉强耦合协调	初级耦合协调	中度耦合协调	良好耦合协调
2006~2009 年	丽水、衢州	绍兴、嘉兴、湖州、金华、台州、舟山	杭州、宁波、温州	—
2010~2013 年	—	湖州、衢州、丽水	宁波、温州、绍兴、嘉兴、金华、台州、舟山	杭州
2014~2017 年	—	衢州	温州、绍兴、嘉兴、湖州、金华、台州、舟山、丽水	杭州、宁波
2018~2021 年	—	—	绍兴、嘉兴、湖州、金华、台州、舟山、丽水、衢州	杭州、宁波、温州

随着经济的不断发展,浙江各地产业化和城镇化耦合协调状况逐年好转,但仍未达到优质耦合协调,而且浙江省 8 个城市仍处于中度耦合协调阶段,仍有较大提升空间(见图 7-5)。

2. 浙江各市产业结构与城镇化耦合协调性空间演变差异

以浙江省 11 个市为研究对象,利用 2019 年的截面数据,采用前述方法计算两者的耦合协调度(见表 7-10)。

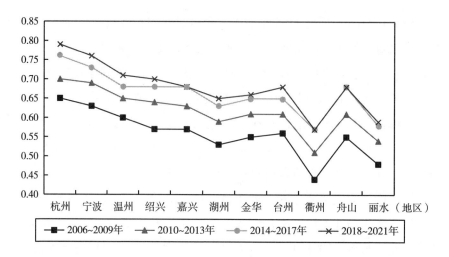

图 7 – 5　浙江省地级市产业结构与城镇化耦合协调度变化

表 7 – 10　　　浙江省各市产业结构和城镇化演变协调发展情况（2019 年）

地名	耦合协调度 D	CY-CS 值	协调发展度等级	协调发展类型
杭州	0.7923	− 0.3217	良好耦合协调	产业结构滞后型
宁波	0.7365	− 0.2328	良好耦合协调	产业结构滞后型
温州	0.7011	− 0.1563	良好耦合协调	产业结构滞后型
绍兴	0.6849	− 0.1019	中度耦合协调	产业结构滞后型
嘉兴	0.6987	− 0.0874	中度耦合协调	同步发展型
湖州	0.6514	0.0096	中度耦合协调	同步发展型
金华	0.6675	− 0.0542	中度耦合协调	同步发展型
台州	0.6798	− 0.0471	中度耦合协调	同步发展型
衢州	0.6002	0.1355	中度耦合协调	城镇化滞后型
舟山	0.6326	0.0632	中度耦合协调	同步发展型
丽水	0.6121	0.1436	中度耦合协调	城镇化滞后型

2019 年浙江各市城镇化与产业结构演变协调发展度水平总体较好，但两者协调性存在明显的空间差异。

从协调发展度等级来看，杭州、宁波、温州达到良好耦合协调，绍兴处于中度耦合协调阶段（见表 7 – 10）。杭州、宁波、温州、绍兴 4 地的城镇化综合指数略高于产业结构综合发展指数，耦合协调类型为产业结构滞后型，面临着城镇化进程中产业结构升级相对缓慢的问题。其中，杭州作为浙江的经济中心，耦合协调度 D 达到了 0.7923，与优质耦合协调阶段很接近。然而，产业结构滞后成为杭州、宁波、温州、绍兴 4 地耦合协调发展的梗阻，这说明今后的产业结构优化升级极其重要，要优化地区产业结构，在保持经济快速增长的同时，提升资源环境承载力。

嘉兴、湖州、金华、台州处于中度耦合协调同步发展型。这四个地区的总体发展虽然是中度耦合，但是城镇化发展水平与产业发展水平相当，属于协调同步发展类型。衢州和丽水城镇化与产业结构演进均达到了中度耦合，但城镇化慢于产业集群发展，城镇化综合指数偏低，属于城镇化滞后型，其原因在于在经济发展、生活水平提升、生态环境改善方面还存在不足。发展的重点或突破口应是依托产业集群加快城镇化建设，健全社会保障体系，提升城市综合承载能力。

综上所述，浙江各地的耦合协调水平仍有待进一步提升，在空间分布上，耦合协调度最高的杭州市作为增长极，由中心区向外围逐步扩展，辐射带动周边区域协调发展，并且形成多个高耦合协调度的地区，基础设施、市场环境、要素禀赋、经济发展、产业基础等因素是造成耦合协调度空间差异的主要原因。杭州、宁波、温州、绍兴、嘉兴这些地区耦合协调度越来越高，加快了经济快速的发展。其主要原因是区位优势明显、工业发达、非农产业比重较高等因素综合作用结果，尤其是新型工业化、城镇化战略实施启动早、推进速度快发挥了非常重要的作用。因此，尽管影响城镇化与产业结构协调发展度水平的因素诸多，但最终都同产业密切相关。未来，杭州将带动各市产业结构、城镇化与生态环境耦合协调度向更加合理的状态发展。

第 **8** 章

浙江城镇化发展与产业协调演进过程中存在的主要问题

8.1 耦合协调度有待提升，产业集群存在同质化竞争

通过前面的协调演进关系分析发现，城镇化与产业之间存在一种耦合关系，且耦合等级越高，城镇化水平与产业的发展程度也相对较高。从空间维度来看，由于不同区域在基础设施、市场环境、要素禀赋、经济发展等方面存在较大不同，两者的耦合协调度还存在比较明显的差异，耦合协调度有待提升，尤其是衢州和丽水城镇化发展力量相对薄弱，在经济发展中还存在不足。

产业集群是中小企业发展的重要组织形式和载体，对推动企业专业化分工协作、有效配置生产要素、降低创新创业成本、节约社会资源、促进区域经济社会发展都具有重要意义。浙江产业集群在发展过程中取得了一定进展，早已摆脱了低、小、散的局面，在各地集群的发展中，由于产业分工和布局缺乏有效的协调，可能会与周边产业园区产生同质化竞争，导致基础设施重复建设、产业结构趋同、招商引资恶性竞争等现象出现，如何走出特色是每个产业集群要面临的首要问题。

科技创新需要大量的资金助力，且存在较大风险。大多数企业技术

创新能力较为薄弱，开发设计处于模仿型创新阶段，缺乏自己独特的风格。陈畴镛等（2010）研究发现，产业集群中企业的高同质性虽然利于创新技术的扩散、缩短创新活动周期及促进集群合作，但由于目前大多数中小企业在技术创新上还停留在纯粹的模仿阶段，造成资源分散和集群内部创新的停滞，导致集群的整体衰退。

在全球经济一体化背景下，集群内的许多企业都参与到"全球价值链"中，但从总体上看，产品以中低档为主。以医疗器械为例，产品以中低档为主，高端医疗器械主要依赖进口。Ⅰ类、Ⅱ类产品生产企业所占比重较多，Ⅲ类所占比重最低，自主创新亟待进一步提高。浙江省财政厅公布了《2021—2022年度全省政府采购进口产品统一论证清单（医疗设备类）》，浙江省可采购"小动物荧光显微成像系统、低速精密切割机、全自动快速微生物质谱检测系统、数字减影血管造影X线机（DSA）"等195种进口医疗设备。可以看出，国产医疗器械在中低端领域占比较高，在医院采购情况中，三级/二级医院的采购大多集中在中小型医疗设备，基层医院采购的多为医疗耗材及卫生材料（夏志俊等，2019），高端医疗器械被美敦力、强生、飞利浦等老牌械企垄断。

此外，"5G＋工业互联网"，使得企业变得更加数字化、智能化，新型信息基础设施的建设已然成为推动产业融合发展的重要依托，对企业内部的影响主要集中于运营、知识管理、创新、绩效等方面（周琦玮等，2022）。但是新型信息基础设施建设尚处于研究探索阶段，经济集聚度、人力资本、固定资产投资、产业结构、研发投入、政府干预度、市场化程度等不同程度地影响着"新基建"三大子系统与战略性新兴产业的耦合协调发展（任先福等，2021）。

与大型企业相比，中小型企业普遍存在数字化水平较低、抗风险能力低、资源配置投入相对不足等问题，制约了中小企业数字化转型的进度。中国电子技术标准化研究院《中小企业数字化转型分析报告（2021）》指出，2021年中国中小企业处于数字化初步探索阶段的占比为79%，处于应用践行阶段的比例为12%，处于深度应用阶段的仅占9%，各行业中小企业的数字化转型进程差异较明显。可见，大多数民营企业已经认识到推动数字化转型的重要性，不过大部分仍处于初级阶段，仅在某个职能部门数字化转型。未来，我们将推动数字化服务平台进入企业、进入产业集群，加快产业园区和产业集群数字化转型。

8.2 区域经济发展不平衡，人才队伍大而不强

生产要素自由流动是实现资源优化配置及促进区域协调发展的关键，在知识经济时代，人才资源更是第一要素。城镇化发展与产业协同发展协调发展离不开人才队伍的建设。自长三角一体化发展战略实施以来，浙江省吸引了大量高素质人才。统计显示，截至 2020 年底，全省人才资源总量预计达到 1410 万人，比 2015 年增长 31.2%；累计入选国家级人才工程 2160 人次，增长 151.7%；每万名劳动力中研发人员为 148 人，增长 50.1%；高技能人才占技能人才比例为 31.8%，增长 31.4%[①]。但是，在长三角经济圈当中，浙江省依然有不小的短板。

一是，区域经济发展不平衡，人才大多集中在大城市。区际间的人才流动是自发性、有效性的一种体现，受到经济发展、社会文化、地理空间、自然环境等因素影响。根据智联招聘联合泽平宏观发布的《中国城市人才吸引力排名：2022》显示，2021 年中国最具人才吸引力城市 100 强中，杭州（第 5 位）、宁波（第 17 位）、金华（第 22 位）、嘉兴（第 24 位）、绍兴（第 27 位）、温州（第 28 位）、台州（第 31 位）、湖州（第 32 位）、舟山（第 36 位）、丽水（第 55 位）、衢州（第 58 位）。2022 年，上海社科院"长三角青年和人才友好型城市指数研究"课题组发布了最吸引青年、人才的长三角地级市，杭州、宁波、绍兴、嘉兴等 9 个城市的常住人口与户籍人口比值≥1，在人口净流入名单之列。丽水和衢州是人口净流出地，

---

① 沈吟. 一字之变透露浙江人才工作这些重要信号 [N]. 浙江日报，2021 – 12 – 08.

相比浙江其他城市而言，对青年和人才的吸引力较弱。

由此可见，人才空间格局本质上是经济发展水平和经济结构状况所导致的。经济发达地区的公共服务资源、职业前景、就业平台要优于经济欠发达地区，形成"经济发达←→人才聚集""经济落后←→人才流失"的循环（孙东青和朱钊，2018）。再加上，近年来"人才争夺战"日趋激烈，大城市出台了一系列人才政策，欠发达地区要想吸引人才难度不小。

二是，人才队伍大而不强，高层次人才相对缺乏。我国劳动力资源依然丰富，受教育水平明显提高，人口的素质不断提升。根据第七次全国人口普查主要数据，16～59 岁劳动年龄人口平均受教育年限从 2010 年 9.67 年提高至 10.75 年，文盲率从 2010 年的 4.08% 下降为 2.67%[①]。然而，我国整体教育水平仍旧较低，与世界发达国家相比仍然有一定差距。近年来，对技能型、研发型、应用型等高层次人才需求呈大幅增长态势，尤其是数字经济、高端装备制造、生命健康等产业的人才紧缺程度较高。中国信息通信研究院发布的《数字经济就业影响研究报告》指出，2020 年中国数字化人才缺口已接近 1100 万人，而且伴随着全行业数字化的快速推进，数字人才需求缺口还会持续加大，数字经济面临着数字经济人才紧缺的问题[②]。以杭州为例，杭州以打造全国数字经济第一城为目标，数字经济已然成为其经济发展新引擎。近年来，随着数字产业进入快速发展轨道，导致杭州对数字化人才的需求激增。2021 年杭州市人力社保局联合市统计局等编制发布了《杭州市重点产业紧缺人才需求目录》。《目录》聚焦"5+3"重点产业，对数字经济、高端装备制造、生命健康、文化、旅游休闲、金融服务等重点产业紧缺人才需求状况展开调研。通过对数字经济产业紧缺人才岗位分析发现，信息技术人才紧缺程度较高，在"非常紧缺"的 7 个岗位中，有 5 个是信息技术人才岗位，包括游戏测试、C++、技术支持工程师、算法工程师、运维工程师[③]。

---

① 国务院第七次全国人口普查领导小组办公室负责人接受中新社专访 [EB/OL]. 中新社，2021－05－13.

② 数字经济打开就业新空间 [EB/OL]. 人民日报海外版，2021－11－19.

③ 杭州发布"紧缺专业人才需求目录" 180 个岗位最缺人！你符合条件吗？[EB/OL]. 市人力社保局，2021－12－27.

三是，长三角人才共享机制不完善。所谓"人才共享"，实质就是智力资源的共享，在不改变和不影响人才与所属单位人事关系的前提下，通过家庭、户籍、身份等人才流动中的刚性限制因素的突破，以"长租短借"等灵活方式使之在用人单位发挥作用，通过完成既定任务的行为与过程，从而实现人才智力效用的最大化。现阶段人才共享存在以下困难：首先在教育、社保、医疗等公共服务方面，长三角区域内公共服务不均等现象一直存在，教育、社保、医疗资源差距最为明显。以教育资源为例，除了南京、上海、杭州等高校密集的城市以外，长三角大部分城市的高等教育水平并不能与其经济发展和科技创新要求相匹配，高校人才培养能力有待于进一步提升（李恒等，2015）。其次是各地城市的人才政策并未形成有效协同，系统性不强。

8.3 低碳转型成效显著，碳排放形势仍旧严峻

随着城镇化进程的加快，工业规模不断扩大，经济的快速成长发展态势得到延续。然而，在城镇化与产业发展过程中带来经济、社会效益的同时，亦会造成资源能源短缺、生态环境破坏等一系列环境问题。从整体上来看，产业结构演进出现后劲不足的现象，且生态环境城镇化处于新型城镇化各子系统中的末端（刘淑茹等，2019）。可见，促进经济发展低碳化已成为城镇化发展与产业协调发展亟待解决的问题。

长三角地区是我国经济最为发达的地区，其碳排放比重和能源消费也相对较大。为此，长三角区域以能耗碳排放"双降"为目标，陆续出台了《关于长三角生态绿色一体化发展示范区总体方案》《长江三角洲区域生态环境共同保护规划》等政策文件，低碳转型成效显著。根据2022年国际环保组织绿色和平发布的《中国30省（市）碳排放情况追踪，"第一梯队"谁来领跑？》显示：2015~2019年，从京津冀地区、长三角地区、粤港澳大湾区（广东）三大重点区域来看，碳排放强度降幅在三

个区域中最高，为 19.65%；人均碳排放量增幅为三个区域中最小，仅增长 3.06%。其中，综合碳排放总量、强度和人均碳排放量指标，浙江的低碳转型都走在全国前列。同时，《浙江省生态环境保护条例》发布，2022 年 8 月 1 日起施行。

但与此同时，生态环境保护工作依旧十分严峻，"二氧化碳排放力争于 2030 年前达到峰值，努力争取 2060 年前实现碳中和"。在"碳达峰"的目标下，减污降碳面临着巨大的挑战。成远等（2022）对 2010~2019 年浙江 11 个地级市的碳排放效率进行测算，结果表明：要素禀赋、能源结构、产业结构和技术水平对浙江碳排放效率具有显著的负面影响。浙江作为经济大省，同时也是能源消费大省。2020 年，浙江全省能源消费总量 2.47 亿吨标准煤，其中煤炭消费 1.31 亿吨、石油及制品消费 3900 万吨、天然气消费 143 亿立方米、全社会用电量 4830 亿千瓦时[1]。浙江省煤炭消费基数低、结构好、散煤少，主要集中在发电供热和建材等产业，对产业发展和电力安全产生巨大挑战。

浙江作为纺织业大省，2021 年，浙江纺织和服装行业规模以上企业实现工业总产值 10003 亿元、营业收入 10716 亿元，双双首破万亿元大关，规模居全国首位；实现纺织品服装出口额 822 亿美元，居全国第一[2]。然而，纺织印染作为高耗能、高污染行业，对生态环境影响巨大。印染废水含有重金属、浆料、染料等污染物，属难处理的工业废水之一；印染污泥中要残留苯胺、苯酚和石油溶剂等难降解的有机污染物（王玉婷等，2020）；各种染料助剂、涂层助剂在高温条件下挥发出油烟、粉尘、挥发性有机污染物 VOCs 等化合物以气体形式释放出来（刘晓盛等，2020）。印染行业通过"跨域整合"，印染数量大幅度减少，但产能未减，污水排放总量仍高居不下，印染行业的生态化发展是未来发展的必然趋势，给生态环境防治和监管带来较大压力。

---

[1] 浙江省人民政府办公厅关于印发浙江省能源发展"十四五"规划的通知 [EB/OL]. 省政府办公厅，2022 – 05 – 07.

[2] 行业承压上行规模首破万亿——2021 年浙江省纺织和服装行业运行情况 [EB/OL]. 浙江省经信厅，2022 – 03 – 23.

此外，节能环保产业是战略性新兴产业，以防治环境污染、改善生态环境、保护自然资源为目的，主要涉及节能降碳和清洁能源技术装备、环保技术装备、资源循环利用技术装备、节能环保服务业、节能环保新材料、节能环保信息技术 6 大领域，其发展受到经济状况、科技水平等诸多因素的影响。浙江在光伏、风电、核电等非化石能源领域有着良好的发展基础与空间。例如，光伏项目不仅装机规模增长快，而且开发应用形式多，基本涵盖了农光互补、渔光互补、工商业屋顶光伏、户用屋顶光伏、水面漂浮式光伏等各种类型①。但是，浙江节能环保企业存在行业领军企业较少、集群核心竞争水平较低、创新要素投入不足等问题②。

8.4 城乡差距依旧存在，农村地区发展相对滞后

党的十八大以来，"三农"工作提升得到前所未有的高度，随着乡村振兴战略和脱贫攻坚各项政策的纵深推进，农民收入得到了大幅提升，城乡居民收入相对差距持续缩小。根据国家统计局数据显示，2021 年城镇居民人均可支配收入 47412 元，比 2012 年增长 96.5%；农村居民人均可支配收入 18931 元，比 2012 年增长 125.7%。2013～2021 年，农村居民年均收入增速比城镇居民快 1.7 个百分点。同时也要看到，城乡差距依旧存在。

一是，城乡居民的收入消费差距。李实等（2021）指出"我国收入基尼系数仍然高达 0.465，在全球经济体中和南非、美国等高收入差距国家差不多。而我国收入差距较大的原因主要来自于城乡差距。单看城市和农村内部，两者的基尼系数都小于或等于 0.4，这个水平在国际上其实就是一个中等水平。可是，截至 2020 年，我国城乡收入比仍然高达 2.56，

---

① 省发展改革委. 省能源局关于印发《浙江省可再生能源发展"十四五"规划》的通知 [EB/OL]. 浙江省发展和改革委员会，2021 - 06 - 23.
② 汪东，陈达祎，洪丽云. 浙江省节能环保产业发展的问题与策略研究 [J]. 中国环保产业，2021（1）：19 - 22.

城乡差距在全球范围内都是较高的"（李实等，2021）。叶兴庆和殷浩栋（2022）以 2019 年农村居民人均可支配收入中位数 40% 和 50% 为标准，估算出农村贫困发生率分别为 9% 和 16% 左右，贫困人口规模分别约为 5000 万人和 9000 万人。此外，不同地区农村之间收入差距显著，将农村居民人均可支配收入最靠前的 5 个省份和最靠后的 5 个省份进行比较，可以发现，2020 年两者城镇居民人均可支配收入倍差为 1.75，而农村居民人均可支配收入倍差达到 2.43①。马彦瑞（2018）的研究也表明，一个地区的农村居民可支配收入的高低与该地区的工业、商业及整个地区的发展程度有关。

二是，城乡发展不平衡还表现在教育差距、医疗卫生、儿童健康、金融服务、最低生活保障等公共服务和基础设施（张惠强，2022）。

医疗卫生方面，城市之间、城乡之间医疗资源存在非均衡状况。优质医疗资源向城市大医院倾斜，高端医疗人才也喜欢在一线城市发展。根据复旦大学医院管理研究所发布的复旦版《2020 年度中国医院综合排行榜》和《2020 年度中国医院专科声誉排行榜》显示，全国顶级百强医院主要集中在北上广等一线城市，这里聚集着各领域最顶尖的专家及配备最先进的诊疗设备。杨林和李思赞（2016）研究发现，物力、人力资源的投入差距均影响城乡医疗服务的产出差距，其中人力资源的投入差距影响程度更大；医疗服务的产出差距、消费偏好影响居民的受益程度。曹青等（2019）利用 SPSS 软件建立因子分析模型，根据各因子得分和总因子得分评价各市卫生资源配置，发现安徽卫生资源配置严重不均衡，卫生资源配置存在明显区域、地理差异，资源配置与经济不协调。其中，黄山、合肥、芜湖的卫生资源配置综合得分较高，六安、宿州、亳州的综合得分较低。

基础教育是基本公共服务的重要组成部分，城乡义务教育发展水平参差不齐。教师是第一教育资源，造就一支高素质的教师队伍对于教育

---

① 贺雪峰. 如何理解现阶段中国城乡差距——兼与叶兴庆、李实商榷［J］. 社会科学，2022（6）：137－145.

一体化具有重要意义。有学者认为乡村小规模学校师资存在数量不足、质量不高、结构性缺失等难题，影响了课程"开齐开足开好"的实现（杨卫安和岳丹丹，2022）。同时，乡村教师"向城性"现象明显，乡村教师向县城流动，县城教师向城市流动，导致了乡村教师的不稳定性，加剧了城乡教育失衡。汪凡等（2019）探讨了基础教育公共服务均等化的影响因素，发现常住人口、第三产业比例和建成区面积是影响基础教育公共服务空间格局形成的主要因素，人均 GDP、固定资产投资和教育财政投入是影响基础教育公共服务空间格局形成的辅助因素。

综上所述，城乡发展差距是我国经济社会发展过程中长期存在的突出问题，已成为共同富裕的重大阻碍。可见，实现共同富裕的新征程中，重任仍在农村（叶兴庆和程郁，2022），只有实施乡村振兴战略，才能在缩小城乡差距中推动共同富裕。

第9章

产业发展政策建议

9.1 提升产业结构和新型城镇化协调程度，实现产城融合

9.1.1 因地制宜优化产业结构，打造产城融合新标杆

一是将产业集聚区向中小城镇转移，提高二者的耦合协调度。

中小城镇充分利用自身区位优势、经济优势，积极接受上海、杭州、宁波等大城市的经济辐射，推动工业强镇、工业强县、工业强区做大做强，带动周边城市的耦合协调性逐步提高。对于耦合协调度偏低的衢州和丽水，抓住承接产业转移的契机，在推进新型城镇化发展的同时，提升产业集群规模效应，以提升二者的耦合协调度。

提升新型城镇化水平，规划建设产业集群区，改善产业的发展环境。产业集群区的建设应融入产城融合理念，产城融合强调以产业的集聚发展实现人口集中，为城市化提供基础支持；以城市的服务功能为产业发展、人口集中创造条件（徐代明，2013）。苏州工业园区是中国和新加坡两国政府间的重要合作项目，被誉为"中国改革开放的重要窗口"和"国际合作的成功范例"①。园区大力推动产业迈向价值链中高端，集聚外

---

① 资料来源：苏州工业园区管理委员会网站。

163

资项目 5000 多个，其中 101 家世界 500 强企业在区内投资项目 166 个，国际化和参与全球竞争能力居全国高新区首位①。2022 年末全区常住人口 115.04 万人，城镇化率达 100%②。在区域教育方面，建立了学前教育、义务教育、普通高中教育、特殊教育、职业教育、高等教育和社会教育完整的教育体系。

苏州工业园区产城融合的发展经验表明，在新型城镇化发展大背景下，产业集聚使得知识流动和知识溢出愈加频繁，进而促进区域经济均衡发展，产生人口吸纳效应。因此，产业集聚区要强化公共服务功能，产业新城的从业人员多数为年轻创业者，尤其要加大教育资源、医疗资源等公共服务供给力度。美化工作环境在一定程度上缓解外来人员生活、就业压力，促进新老居民的融合。要创新管理模式，提供更高品质的商品和服务。苏州工业园区采用了国际化的高效措施，"一站式"服务是园区管理服务的一大亮点。③

二是对产业集聚区进行合理定位。

各地应明确自身的战略定位和角色分工，形成特色鲜明、优势明显的产业聚集。不能一味地追求第三产业比重，而是应该选择与新型城镇化发展水平相匹配的产业。特别是那些具有竞争优势的传统产业，政府应把注意力集中在传统产业结构调整和转型升级上，提升传统产业的附加值和竞争力。同时，上一级政府要合理规划县域布局，坚持错位发展，抑制盲目重复建设和盲目竞争行为（沈翔和戚建国，2016）。杭州和宁波经济发展均衡，两系统间耦合协调度也较高，应充分利用其产业、人才、资本、技术等优势，优先发展高端生产性服务业，着力培养"生物技术、高端装备制造、新能源、新材料"等高新技术产业，逐步形成以高新技术产业为支撑、以现代服务业为主导的高层次"三二一"产业结构。同时，按照现代产业集群的要求，深化专业分工与合作，强化产业链上下

---

① 王敏杰，刘坤. 产城融合文化赋能推动城市高质量发展——苏州工业园区建设苏州城市新中心的路径研究 [J]. 东吴学术，2021（6）：44－45.

② 园区 2022 年经济数据正式公布 [EB/OL]. 苏州工业园区管理委员会网站. 2023－02－07.

③ 彭兴莲. 产城融合案例分析及启示——以苏州工业园为例 [J]. 山西农经，2018（22）：21－22.

游配套协作，建立电子商务、金融服务、现代物流等产业协同发展的配套支撑体系，形成比较完整的产业链和服务链。

9.1.2 重视技术创新，打造产业集群区域品牌

区域品牌是指"某地域的企业品牌集体行为的综合体现，并在较大范围内形成了该地域某行业或某产品较高的知名度和美誉度"（夏曾玉和谢健，2003）。可以说，区域品牌是众多企业品牌精华的浓缩和提炼，是一种很珍贵的无形资产，区域品牌的形成是以产业集群为基础，是产业集群发展到高级阶段的重要表现。

一方面，创新是打造区域品牌的关键。区域龙头企业的科技创新对产业集群创新绩效存在显著的正向影响（叶海景，2021），在区域品牌形成和发展过程中，离不开龙头企业发挥的作用，龙头企业在全球产业链的高度，有助于提升产业集群的高度。创新是一种集体行为，鼓励企业加大科技创新，利用高新技术改造传统行业。尤其是为资金实力雄厚、技术领先的龙头企业做好引领作用，带动集群内企业的协同发展。同时，还要进一步破除行业内技术壁垒，加深企业间协作，促进集群内企业间要素流动和技术结构升级。

另一方面，恪守质量标准，才能使得区域产品畅销不衰。约瑟夫·莫西·朱兰提出：20 世纪是"生产率的世纪"，预言 21 世纪是"质量的世纪"[①]。因此，要不断提升产品质量和档次，形成省级名牌→中国名牌→世界名牌的发展演变。以现代纺织产业为例，随着人民生活水平的提高，对纺织面料质量提出了更高要求，高附加值与高科技含量的功能性面料的研发能力有待进一步提升。柯桥区政府打造"柯桥优选"品牌计划，作为纺织品公共区域品牌的重大举措，"柯桥优选"品牌下的面料产品代表的就是品质、科技、绿色的优质面料。

---

① 蒲伦昌·朱兰. 21 世纪是质量世纪 [J]. 中国质量，1996（7）：40.

9.1.3 加快新型基础设施建设，为产业集群发展提供坚实的基础支撑

以 5G、人工智能、大数据等为代表的新型基础设施建设，已然成为推动产业转型升级的重要引擎，为经济发展带来巨大活力。2020 年 4 月 20 日，国家发展改革委员会对新型基础设施的范围正式做出了解读，主要包括三个方面内容①。

一是信息基础设施。主要是指基于新一代信息技术演化生成的基础设施，例如，以 5G、物联网、工业互联网、卫星互联网为代表的通信网络基础设施，以人工智能、云计算、区块链等为代表的新技术基础设施，以数据中心、智能计算中心为代表的算力基础设施等。

二是融合基础设施。主要是指深度应用互联网、大数据、人工智能等技术，支撑传统基础设施转型升级，进而形成的融合基础设施，如智能交通基础设施、智慧能源基础设施等。

三是创新基础设施。主要是指支撑科学研究、技术开发、产品研制的具有公益属性的基础设施，如重大科技基础设施、科教基础设施、产业技术创新基础设施等。

新基建涉及对传统基础设施的数字化改造，为产业的转型升级提供了新的思路。数字经济领域的竞争不是单个企业技术能力上的竞争，而是所属数字生态之间的竞争（布和础鲁和陈玲，2021），也是平台的竞争，为产业升级和经济发展注入新动能。

首先，完善新型基础设施建设，高质量建设 5G 网络、优化布局云数据中心、新型互联网基础设施建设、加快人工智能融合平台建设等。数字工厂、智能工厂对信息传输的要求较高，需要在 5G 的加持下才能实现智能制造。就目前而言，地方政府和国有大型企业是建设主体，有条件的地区按

---

① 发改委首次明确"新基建治范围 [J]. 中国总会计师，2020（4）：11.

照"政府引导、市场运作"的原则，吸引具有一定影响力的社会资本，实现投资主体多元化的方式投资"新基建"，推进乡镇以上5G信号全覆盖。

其次，要打造更多以技术创新和服务创新为核心的数字化服务平台，消除企业内外部的"数据孤岛"，实现信息资源的互享，促进产业创新协同发展。培育工业互联网平台，工业互联网作为新一代信息技术与制造业深度融合的产物，是推动制造业数字化转型的重要抓手。鼓励重点行业、头部企业的引领作用，积极打造区域级、行业级、企业级工业互联网平台，树立数字化转型的行业标杆，促进数据开放，实现知识共享与价值共创。

最后，逐步推进智能工厂建设，实现装备制造智能化及生产过程自动化。中小企业应积极学习龙头企业和行业标杆的云化改造和云端迁移，实现从设计、制造、管理、维修、回收等全生命周期的可视化管控。例如，浙江纺织服装龙头企业已经开始大规模建设数字化车间、智能工厂，并积累了丰富的数据化管理经验。以宁波雅戈尔为例，2018年，雅戈尔西服智能化工厂正式上线，加快了传统服装制造向数字化升级之路。"规模化"与"个性化"兼容的车间，大大缩减了西装定制的生产周期。在智能工厂，雅戈尔西服大货的生产周期从45天缩短到了32天，量体定制周期由原来的15个工作日缩短到了5个工作日，特殊情况下单件定制周期最快能缩短至2天，极大地提高了生产效率，降低了生产成本。[①] 2020年，雅戈尔启动宁波首个"5G＋工业互联网"试点项目，将数字技术深入应用到智能制造的各个环节，实现跨地域工厂在远程运维、智能检测、生产辅助等领域的多个跨场景应用。

9.2 培育各类产业人才，优化人才生态环境

在知识经济时代，能否引进人才、用好人才、留住人才，对于区域

---

① 章卉，续大治，孙勇．"红帮裁缝"用上工业黑科技［N］．浙江日报，2018－08－23．

经济发展具有重要意义。城镇化发展与产业协调演进是一项复杂过程，需要多样化人才为产业集聚和新型城镇化建设奠定基础。

9.2.1　优化人才生态环境，建设高低互补的人才梯度

近年来，各大城市的"人才争夺战"日趋激烈，各地纷纷出台人才新政，希望吸引更多高层次人才落户。杭州市历来高度重视人才工作，2019 年，杭州推出"人才生态 37 条"人才政策；2020 年杭州又出台"人才生态 37 条"补充意见；2021 杭州全球青年人才中心正式启用；2022 年，"人才杭州"微信小程序上线，实现人才政策"一屏尽览"。杭州一步一个脚印，为人才发展营造了良好的环境和氛围。舒适的人才生态环境是吸引高层次人才集聚的重要因素，主要体现在各个城市的人才引进政策，尤其是社会保障制度方面的吸引作用。此外，长三角一体化背景下，还要根据自身的战略定位和产业特色，避免政策创新的同质化，促进区域间人才政策的衔接，推进人才政策上的互通互容，实现错位引才，精准引才。

城市的发展不仅需要高层次人才，也离不开中低端人才的支持。大城市的落户积分标准大多围绕着"就业和投资"，更偏向于高学历、高职称、投资多、纳税多者。因此，在充分考虑城市承载能力前提下，不断完善大城市的积分落户制，给中低端人才更多的机会。例如，在分值设置上，将稳定就业、熟练岗位技能、获得表彰奖励等作为加分条件。在居住证制度上，需要缩小居住证与本地户籍之间的差异。同时，增加中小城市的吸引力，创造更多就业岗位。近年来，农业户口的"含金量"逐步提升，再加上拥有承包地和宅基地、享受集体收益分配及权征地补偿等权利，导致中小城市的城市户口吸引力不足。因此，在公共财政支出上，要向医疗体系、义务教育、养老保险、住房等民生类的基础性项目倾斜，并且把基本公共服务作为总财政支出的重要部分，逐渐实现基本公共服务均等化。

9.2.2　深化产教融合，构建人才培养体系

多元化已成为解决基本公共服务均等化的重要手段，尤其体现在基础设施的供给上。2019 年国务院印发的《国家职业教育改革实施方案》中明确提出，要深化产教融合、校企合作，健全多元化办学格局，推动企业深度参与协同育人，扶持鼓励企业和社会力量参与举办各类职业教育。2021 年新修订的《中华人民共和国民办教育促进法实施条例》也指出，鼓励企业以独资、合资、合作等方式依法举办或者参与举办实施职业教育的民办学校，民办学校坚持社会主义办学方向，坚持教育公益性。

得益于政策带来的良好外部环境，职业教育多元办学为长三角创新提供了更多的高技能型人才，高等职业教育得到了长足发展。但民办教育还处于探索阶段，大多数社会组织存在专业化水平低、服务能力薄弱、公信力不足等问题，仍需要政府进行培育和指导。诸如制定优惠政策，对具有专业资质的社会组织可以通过税费减免、财政补贴、项目支持等方式加以扶持，不断增强社会组织的公共服务能力；完善社会组织孵化基地，以良好的硬件优势吸引社会组织入驻，提供政策咨询、从业培训、公益创投、资源对接等服务。例如，浙江东方职业技术学院是直属温州市人民政府、归口国有企业——温州市现代服务业发展集团有限公司管理的全日制普通高等院校。学校将解决"一老一小，一天一生"问题作为办学主方向，医康养是学校办学主特色，是产教融合示范标杆。[1] 2022 年，中国教育发展战略学会发布《关于公布 2021 年产教融合校企合作典型案例名单的公告》，其中东方学院申报的《区域协同共建金海产业学院，精准破解产业人才短缺难题》《医康养护教：高职院校智慧健康养老专业产教深度融合新模式》两项案例入围[2]。

---

① 王梦凡，徐晓. 再添国字号！浙江东方职院成功获批"全国工商联产教融合示范实训基地"［EB/OL］. 浙江东方职业技术学院网站，2023 – 03 – 29.

② 邓帆慧. 2021 年产教融合校企合作典型案例公布东方学院两项教育案例入选［N］. 温州商报，2022 – 03 – 28.

此外，中小企业要将创新发展理念融入到管理、研发、营销等领域，建立一套科学合理的人才评价体系和创新激励机制，为高端人才提供良好的工作环境，激发研发人员的创新积极性，这样才能更好地吸引和留住创新人才。可见，深化产教融合，采取以职业能力为导向的人才培养模式，推动教育链与产业链的衔接，促进物联网、大数据、区块链、人工智能等新一代信息技术与产业的深度融合。人才的培养不能闭门造车，只有加深了各个主体之间的沟通与合作，才能形成良好的创新氛围，深化产学研合作的创新机制。需要指出的是，在产学研合作中，按照《中华人民共和国促进科技成果转化法》规定，打通科技与经济结合的通道，促进大众创业、万众创新，鼓励研究开发机构、高等院校、企业等创新主体及科技人员转移转化科技成果，推进经济提质增效升级。

9.2.3　建立长三角一体化人才机制

长三角地区都市圈汇聚了各类资源要素，要健全都市圈的资源共享机制，充分发挥中心城市（上海）的空间溢出效应，加强各区域间的联系，促进长三角地区企业在创新技术、产品设计、经营管理、供应链等方面的创新，实现一体化发展。

一方面，实现教育资源共享，提升高等教育整体水平。高等院校是人才培养的主要场所，为企业创新及经济发展提供智力支持。长三角区域教育资源丰富，拥有同济大学、复旦大学、浙江大学、南京大学等著名院校，"双一流"高校约占全国总数的 1/4。2021 年 11 月 3 日，2020年度国家科学技术奖励大会在北京人民大会堂隆重举行，长三角地区一直是三大奖的主力军，浙江大学斩获 11 项国家三大奖项。其中，罗尧治教授领衔的"现代空间结构体系创新、关键技术与工程应用"获国家科学技术进步奖一等奖。① 复旦大学牵头获得 4 项国家科学技术奖，其中国

---

① 吴雅兰，柯溢能. 浙大 11 项成果获 2020 年度国家科学技术奖励 ［EB/OL］. 浙江大学报，2021 – 11 – 15.

家自然科学奖一等奖 1 项，国家自然科学奖二等奖 1 项，国家科学技术进步奖二等奖 1 项，国家技术发明奖二等奖（专用项目）1 项。复旦大学赵东元院士及其团队获得了 2020 年国家自然科学一等奖。[①]"国家科学技术三大奖"（国家三大奖），即国家自然科学奖、国家科技进步奖、国家技术发明奖。作为我国科技领域最高的国家级奖励，国家三大奖由国务院设立，是对科技工作者科研水平和成果的最权威认定。

长三角一体化人才机制的前提是要实现高等教育协同发展，随着长三角地区教育一体化发展战略的实施，在人才培养方面开展了广泛的合作交流，形成人才流动的"内循环"模式。例如，"长三角研究型大学联盟""长三角地区应用型本科高校联盟""长三角可持续发展大学联盟""长三角医学教育联盟"等，这些都是长三角对于教育资源共享共建的积极探索。在此基础上，凭借"互联网 + 教育"的共享模式，实现教师互聘、精品课程共享、跨校学分共建等方式搭建人才培养平台，有效破除区域间的行政壁垒，推进优质教育资源均等化。互联网改变了教育资源获取方式，突破了传统人才培养模式的形式和边界，使学生真正成为学习的主角，优质课程资源能够惠及更多学习者。

另一方面，促进区域人才共享，尤其是"高精尖缺"人才队伍的自由流动。人才共享是长三角一体化人才机制的重要形式，主要包括租赁式共享、兼职式共享、外包式共享、项目式共享、候鸟式共享等人才共享形式（宋成一和刘盈盈，2019）。例如，瑞安市设立的"智能汽车零部件产业工程师协同创新中心"对接浙江大学，"云端专家 + 全职工程师 + 兼职工程师"模式，打造资源共享平台，为制造业产业升级提供科技人才支撑。获取高端人才资源，提高人才利用效率。一是，建立人才共享信息平台，借助微信公众号等大数据手段和信息化系统，对长三角地区的人才进行收集、分类、发布，以解决供求双方信息不对称的情况，提

---

① 陈卓敏，章佩林，王泽群. 复旦大学荣获四项国家科学技术奖赵东元院士领衔项目获国家自然科学奖一等奖［EB/OL］.《复旦》校报，2021 - 11 - 01.

供精准服务。二是，完善人才信用体系建设，"人无信不立，业无信则不兴"①，应该重视人才的道德品质和法治素养，形成良好的人才共享环境。

9.3 改善生态环境，为城镇化发展与产业协调演进提供新的动力

随着人民生活水平的不断提高，人们对于改善生态的要求日益迫切。在城市化进程中，加强低碳科技创新，加快产业结构优化升级迫在眉睫。低碳发展已成为全球共识和大势所趋，只有在绿色、低碳的环境系统中，才能实现新型城镇化与产业的良性互动和协调演进。

9.3.1 依靠低碳技术创新，形成节能、高效、绿色的产业发展模式

低碳技术创新是低碳经济发展的根本动力，其核心内涵是通过技术创新实现资源的高效循环利用、减少废弃物排放及节能环保技术、工艺、装备推广，促进工业产业结构的优化，实现经济社会发展与生态环境保护的双赢。由"高碳"向"低碳"转变的过程中，提升低碳科技创新活力，支持"低消耗、低污染、低排放"的低碳产业发展，对经济增长水平的提高起着至关重要的作用。政府、企业、服务中介、高校和科研院作为工业低碳创新的核心主体，需要各司其职，进行低碳协同创新。

一方面，企业作为低碳创新的主要主体，要树立低碳经营管理，进一步加强技术研发，改造钢铁、建材、化工、纺织等传统产业的生产设备及工艺，降低能源消耗和碳排放，实现产业结构升级。在废水处置方面，清洁生产是减少污染物排放量的关键，要按照碳达峰、碳中和的目

---

① 人无信不立，业无信不兴，国无信则衰［EB/OL］. 内观国际，2019－10－12.

标要求，淘汰落后产能和落后工艺，推广清洁生产技术，鼓励企业使用清洁的能源和原料。在绿色低碳管理方面，鼓励企业打造绿色供应链，将绿色低碳理念贯穿设计、生产、销售、回收和循环利用等产品全生命周期。同时，聘请行业专家对全体员工进行"节能低碳和绿色发展"专项培训活动，将绿色低碳理念融入企业文化。

同时，组建"低碳技术创新协会"等联盟组织，加强低碳技术创新相关主体间联系，提高低碳技术研发的速度与效率，最终形成绿色技术创新的全面驱动。以高污染的纺织行业为例，借助高校、科研院所等创新平台，加大生物基化学纤维、功能性结构色纳米纺织材料等绿色纺织材料的研发和引用。生物基化学纤维是以生物质为原料或含有生物质来源单体的聚合物所制成的纤，是一种能缓解环境污染的新材料（王华平等，2021）。结构生色是一种无需染料或颜料的纺织品着色技术，具有绿色环保、不易褪色等优点（张之悦等，2022）。

另一方面，鉴于低碳创新技术的高投资及高风险性，政府发挥低碳经济发展的导向作用，为低碳经济发展营造良好氛围，配套相应的产业改革促进低碳技术创新的产生与应用，倒逼企业加速绿色低碳转型。例如，2021年乐清出台并实施的《加快低碳产业集群发展和制造业低碳化发展的意见》，不仅让企业在节能减排工作中获得政府的大力支持和补助，取得实质成效，还能让列入国家绿色园区、绿色工厂、绿色供应链管理企业、绿色设计产品示范名单的，分别给予300万元、100万元、50万元、30万元的奖励。[①] 2021年以来，衢州建成涵盖工业、农业（林业）、能源、建筑、交通和居民生活六大领域的碳账户体系。衢州根据工业企业碳账户核算的碳排放总量和碳排放强度指标，从行业先进性、区域贡献度、历史下降法三个维度，对工业企业按照红、黄、浅绿、深绿四色碳排放等级贴标，配套差别化的金融支持政策。[②]

[①] 乐清市人民政府关于加快低碳产业集群发展和制造业低碳化发展的意见［EB/OL］. 市政府办公室，2021 - 04 - 14.

[②] 洪恒飞，余延方，夏旻星，江耘. 放大"碳账户"金融效应 浙江衢州"双碳"行动进入佳境［N］. 科技日报，2022 - 12 - 27.

9.3.2 保护城市环境，倡导低碳化生活方式

合理的土地利用与功能分区是兼顾经济效益和生态效率的前提。按照《浙江省新一轮制造业"腾笼换鸟、凤凰涅槃"攻坚行动方案（2021～2023年）》要求，全面摸排高耗低效企业、坚决淘汰整治高耗低效企业、遏制"两高"项目盲目发展、整治提升低效工业用地，促进绿色循环低碳发展。"腾笼"为高质量发展腾出生态空间，"换鸟"是指淘汰落后产能，引进技术含量高、经济效益好的优质项目，促进绿色循环低碳发展。

在科学规划土地资源方面，对"低小散"企业进行全面整治，不达标的企业实行关停淘汰，优质企业向工业园区搬迁集聚。对腾空后的土地进行科学规划设计，建设创新产业园、文化创意园和小微产业园等创新项目；发展先进制造业、生产性服务业、文化产业等低碳新兴产业。例如，萧山积极整合低效工业用地，提高土地使用效益，黄山产业园已经吸引了云尖科技、湘云科技等一批新兴产业项目。富阳区2021年完成高耗低效整治并销号企业21家（全部为关停退出类企业），亩均3万以下的低效企业整治提升50家，腾出用能36.9万吨标煤、用地1066亩[①]。此外，作为承接产业转移的"新笼"，要遵循绿色生态宜业宜居发展策略，只有良好的生态环境及优质的公共资源，才能招引新兴产业重大项目进驻。

建立以低碳为特征的工业、交通运输、建筑体系。在城镇化建设过程中，减少化石能源的使用，鼓励居住建筑、企业及公共设施等领域安装光伏发电系统，不断提高加大风能、太阳能等可再生能源开发利用。鼓励购买和使用新能源汽车。新能源汽车是国家七大战略性新兴产业之一，具有低污染、低排放、低能耗、低噪声等特点，能切实减少碳排放总量，助力绿色出行。就现阶段而言，不断夯实新能源汽车技术基础，

---

① 杭州市富阳区经济和信息化局. 2021年工作总结及2022年工作重点［EB/OL］. 杭州市富阳区人民政府网站，2022-03-15.

尤其聚焦关键零部件、制造装备等短板弱项，是促进新能源汽车产业发展的关键所在（庞德良等，2022）。此外，一方面，建立质量监测和维修体系，做好新能源汽车的日常维护、保养以监督等工作。另一方面，生产企业要履行安全责任的义务，保障新能源汽车质量的同时，积极开展相关产品的使用技术培训，不断提升售后服务能力。

9.3.3　重点推进低能耗、低排放的生产性服务业

服务业在城镇化发展中占据重要地位，是经济增长的重要突破口。目前，在浙江省产业结构中工业占据重要地位，而服务业占比相对偏低，生产性服务业作为服务业体系的重要组成部分，有利于促进第一、第二产业的低碳转型，实现产业结构优化、节能减排的目标。

一方面，培育生产性服务业企业，鼓励制造企业服务化发展，以"产品＋服务"的组合方式延长产业链。服务化并非简单的在企业内部引入，而是要结合自身规模、发展需求及技术创新能力，提供上下游紧密合作的不同水平的服务化。此外，制度环境往往会对制造企业服务化产生一定影响，要放宽服务业市场准入门槛，简化优化审批流程。例如，吉利控股入选2021年浙江省先进制造业和现代服务业融合发展试点，吉利以"曹操出行"为突破口转型移动出行服务提供商，曹操出行旗下拥有互联网专车、出租车、曹操帮忙、曹操商城、曹操租车等业务，是在全国率先以新能源汽车涉入并建立起个人、企业用户自愿碳减排量积分账户的低碳出行品牌。

另一方面，发挥生产性服务业的集聚效应，加强区域间生产性服务业的产业关联与动态契合。生产性服务业集聚所产生的竞争效应、知识溢出效应及规模经济效应，更好地优化产业链中的中间服务。在长三角一体化背景下，整合区域低碳科技创新及城市空间结构的重构，多样化、高效率的生产性服务，避免不同区域产业的恶性竞争及资源浪费。根据中心边缘理论，中心城市发展生产性服务业，充分发挥上海的"领头羊"

作用，尤其要提高金融业等高端服务业的发展，杭州、南京、宁波等城市作为增长极，建成一批信息服务、科技服务、现代物流、数字贸易等重点生产性服务业集群。此外，制度环境往往会对制造企业服务化产生一定的影响，要放宽服务业市场准入门槛，简化优化审批流程。

9.4 以乡村振兴为依托，实现耦合协调发展的新平衡点

党的十九大报告提出，实施乡村振兴战略，要坚持农业农村优先发展，按照产业兴旺、生态宜居、乡风文明、治理有效、生活富裕的总要求，建立健全城乡融合发展体制机制和政策体系，加快推进农业农村现代化。浙江在《全面实施乡村振兴战略高水平推进农业农村现代化行动计划（2018－2022）》中也确定了实施产业提质行动，全面加快农村产业融合发展。乡村振兴着力推进城乡平衡发展融合，缩小城乡差距。浙江作为全国首个省部共建乡村振兴示范省，在规范土地流转、增加农民收入、明晰产权主体、统筹城乡发展等方面取得了明显成效。因此，农业产业化、新型工业化和数字化深度融合，推动农业农村经济转型发展，实现城镇化和产业耦合协调发展的新平衡点。

9.4.1 发展农村合作经济，鼓励农民进行生产生活投资

产业兴旺是解决农村问题的关键所在，要以农业供给侧结构性改革为主线，鼓励农民进行生产生活投资，确保农民公正、合理地享受集体资产"红利"。

首先，采取"土地入股＋农业产业化经营"发展模式，提升农业整体经济水平及效率。农村土地经营权入股，是指在确保农村土地集体所有权性质不变的前提下，农户以家庭土地承包经营权为资本投入公司或

合资成立农业生产合作社，以公司化的方式对土地经营实行规模化运作（张询书，2008）。无论哪种运营模式，都要提高企业管理人员的管理水平和市场开拓能力，才能取得村民信任，实现经营活动与当地市场需求的紧密结合，让农村资源类资产进入市场，促进农民增收。为此，公司管理层吸纳外部人才负责公司的日常运作，不仅能为土地股份制改革提供有力地智力支持和人才保障，还给新型城镇化建设注入一股活力。与此同时，公司管理层必须有村民代表参与，保障农民群众的知情权、决策权、参与权、监督权，增强村民群体对企业发展信心。如浙江桐庐县作为全国土地经营权入股发展农业产业化经营试点县，在其章程、制度中明确：公司董事会要有农民或者农民代表1人以上。公司监事会由3人以上组成。监事会中的农民或者农民代表不得低于1/3（浙江省桐庐县农业农村局，2020）。

其次，尊重群众意愿，提高农民的权益意识和法律意识。股份制企业的主体是农民，农民的参与度直接关系农业产业化的实现。然而，农民群体只信任本集体经济组织，对于其他法人组织往往缺乏信任，并且土地入股具有风险性，入股后经营亏损是农民最担忧的事情（宋志红，2016）。为此，当地政府及村委会在推行土地股份制改革的过程中，一是要遵循自愿原则，不得违背农民意愿强制入股。加大宣传力度，向农民解读土地股份制改革相关的政策，使其了解实施流程的相关知识，打消村民疑虑。二是基于契约自由原则。如果农户股东利益遭受损害，允许农户股东通过股权转让退出原集体组织，从而保证农民离土进城的权益，促进从农民到市民的角色转型。三是健全农业保险制度，实行土地经营权入股保险。在公司、农民专业合作社破产清算后，可通过保险机构帮助村民完成土地经营权回购，降低破产清算给村民带来的风险（于新循和薛贤琼，2021）。

最后，培育新型农业经营主体，离不开一系列配套政策的保障。家庭农场、农民合作社、农业社会化服务组织等新型农业经营主体的金融需求也日益旺盛，政府可通过财政补贴和生产要素投入等方式支持新型农业经营主体，为农村企业和项目释放更多政策红利。[①] 与此同时，加强对新型农业经营主体的培养，提高其发展速度及质量。根据 2022 年农业农村部《关于实施新型农业经营主体提升行动的通知》中提出，依托"耕耘者"振兴计划、乡村产业振兴带头人培育"头雁"项目，每年培育3.5 万名新型农业经营主体带头人带动产业发展；实施高素质农民培育计划，面向家庭农场主、农民合作社带头人开展全产业链培训[②]。

9.4.2 推动农村一二三产业融合发展，增强新型城镇化的产业支撑

首先，对于城镇化发展应树立长远意识，立足于资源禀赋，做好产业的发展规划，避免土地的盲目开发。《国土资源"十三五"规划纲要》明确要求，提高土地资源节约集约利用水平，严格核定各类城镇新增用地，有效管控新城新区和开发区无序扩张。集约化利用土地能够促进城镇化健康发展，较之土地分散经营、粗放经营而言优势明显。一方面，要以科技创新为驱动力，促进城镇产业规模化、智能化、集约化发展。逐渐形成政府部门、高等农业院校、农业龙头企业、农民合作社等多主体的农业技术推广体系，培养一批新型职业农民，发挥"领军人才"在技术推广中的引领作用（朱英和章琰，2021）。例如，2022 年以来，浙江实施乡村绿领人才培育计划、农创客培育工程，培训高素质农民和农村实用人才11. 25 万人次，累计培育农创客 41258 名[③]。另一方面，人工智能技术提高土地使用价值，为农作物图像识别、农作物缺素症诊断、农业精准化管控、农产品质量安全溯源等方面提供技术支持（兰玉彬等，2020）。加大人工智能的农业基础设施建设，构建高产、生态、低耗的农

---

① 孙宇. 新形势下金融支持新型农业经营主体发展 [J]. 经济研究导刊, 2022 (31): 25 – 27.

② 农业农村部关于实施新型农业经营主体提升行动的通知 [EB/OL]. 农业农村部农村经济合作指导司, 2022 – 03 – 25.

③ 祝梅. 农业更强 乡村更美 农民更富 2022 年浙江锚定三条主跑道推进"三农"工作 [N]. 浙江日报, 2023 – 02 – 03.

业生产体系。浙江省在智慧农业领域发展迅速，嘉兴平湖启用"金服在线"公共服务平台，构建生产、供销、信用"三位一体"云上合作圈；温州瑞安实现"5G+智慧农业"，建立水稻种植全过程的智能管理与决策系统。

其次，发展乡村新型服务业，实现产业结构优化升级。随着土地集约化经营的不断推进，提高农业生产力水平，转变农业发展方式，对于实现农业产业化及乡村振兴具有重要意义。结合当地资源禀赋，除了生态农产品的种养外，还包括乡村旅游、创意农业、健康养生、科普教育、农耕体验等，实现乡村产业体系的一二三产业融合化。2021 年，农业农村部发布了全国乡村产业高质量发展"十大典型"，安吉县的乡村产业作为成功案例入选，2020 年，全县休闲农业与乡村旅游总产值达 46.6 亿元，接待游客 1056 万人次、营收 21.48 亿元[①]。从安吉县的成功经验可以看出，要引入社会资本投资农业农村，采取"农民+合作社+企业""农民+基地+公司"等利益联结方式，将小村庄变大景区、村民变股民，实现休闲农业和乡村旅游的协调发展，从而有效推动城镇化演进。此外，在新型城镇化建设与产业结构优化过程中，要充分调动村民参与的积极性，使其成为乡村振兴的重要力量。如农村基础设施、文化娱乐等公共服务，可以依托农村民间组织承担，让村民加入农村项目建设中去，盘活村里剩余劳动力，提高村民的认同感和幸福感。

最后，实施"互联网+"农产品，打造农产品品牌。2020 年农业农村部办公厅公布了"互联网+"农产品出村进城工程试点县名单，台州市三门县、杭州市临安区、衢州市柯城区、湖州市长兴县等 6 个县市成功入选。"互联网+"农产品出村进城工程作为数字农业农村建设的重要内容，也是实现农业农村现代化和乡村振兴的一项重大举措。一是"互联网+"农产品出村进城，离不开配套的基础设施建设，要加快农村互联网建设，实现农村宽带网络和 5G 覆盖。按照《浙江省数字乡村建设

---

① 全国乡村产业高质量发展"十大典型"[EB/OL]. 农业农村部乡村产业发展司，2021 - 03 -02.

"十四五"规划》，大力培育直播电商、跨境电商、直播带货等新业态，开展云展销、云洽谈等活动。实现"农户＋基地"的农产品送到消费者手中，满足消费者对农产品新鲜绿色的要求。二是推进地理标志产品的品牌化建设。地理标志产品有利于保护原种产品，提升农产品区域公用品牌的市场竞争力，是农业知识产权的重要组成部分。农产品在重视品质安全的同时，将地理标志特色及文化资源融入农产品中，延长农业产业链条，让品牌更加"丰富"。三是积极宣传"互联网＋"农产品的成功范本。临安山核桃产业不断深化农产品电子商务发展优势，建立跨境电商产业园，培育众创空间、淘宝镇、淘宝村和各类电商服务站点，打造完备的农产品电商产业体系，形成以"互联网＋山核桃"为特色的临安电商模式。2021 中国果品区域公用品牌价值评估结果显示，"临安山核桃"品牌价值 32.38 亿元，连续 5 年蝉联坚果类第一名。①

---

① 小小山核桃共富临安产业 ［EB/OL］. 浙江省林业局，2022－07－13.

参 考 文 献

[1] 白义霞. 区域经济非均衡发展理论的演变与创新研究——从增长极理论到产业集群 [J]. 经济问题探索, 2008 (4): 22-24.

[2] 布和础鲁, 陈玲. 数字时代的产业政策: 以新型基础设施建设为例 [J]. 中国科技论坛, 2021 (9): 31-41.

[3] 蔡昉, 都阳, 王美艳. 户籍制度与劳动力市场保护 [J]. 经济研究, 2001 (3): 41-50.

[4] 蔡昉, 都阳. 工资增长、工资趋同与刘易斯转折点 [J]. 经济学动态, 2011 (9): 9-16.

[5] 蔡国华, 李苗. 县域城镇化发展的趋势、问题与对策 [J]. 生态经济, 2007 (6): 138-141.

[6] 曹青, 宋国强, 等. 基于因子分析的安徽省卫生资源配置研究 [J]. 中华医学图书情报杂志, 2019 (8): 53-57.

[7] 陈赤平. 产业梯度转移与区域经济的协调发展以珠江三角洲及东西两翼地区为例 [J]. 广州市经济管理干部学院学报, 2006 (2): 1-5.

[8] 陈畴镛, 夏文青, 王雷. 企业同质化对产业集群技术创新的影响与对策 [J]. 科技进步与对策, 2010 (3): 55-58.

[9] 陈建军, 姚先国. 论上海和浙江的区域经济关系——一个关于"中心—边缘"理论和"极化—扩散"效应的实证研究 [J]. 中国工业经济, 2003 (5): 28-33.

[10] 陈柳钦. 波特的产业集群竞争优势理论述评 [J]. 中共济南市委党校学报, 2007 (4): 15-19.

［11］陈露. 基于 Logistic 回归模型的上海老年人异地养老需求影响因素分析［J］. 经营与管理，2021（9）：155－159.

［12］陈明华，郝国彩. 中国人口老龄化地区差异分解及影响因素研究［J］. 中国人口·资源与环境，2014（4），136－141.

［13］陈明星，周园，汤青，刘晔. 新型城镇化、居民福祉与国土空间规划应对［J］. 自然资源学报，2020（6）：1273－1287.

［14］陈朋. 地方治理视野的社区基金会运行［J］. 重庆社会科学，2015（10）：59－65.

［15］陈新忠，袁梦. 荷兰高等农业教育促进农业现代化的经验与启示［J］. 中国农业教育，2020（3）：94－103.

［16］陈乙西，张邦辉. 社会保障对农民工流动决策的影响研究——基于"推拉"理论的实证［J］. 农业经济问题，2018（10）：132－140.

［17］陈志辉. 科技创新平台内涵特征与发展思考［J］. 科技管理研究，2013（17）：34－37.

［18］成远，乔观民，梅思雨，宁爱凤. 基于 SBM－DEA 浙江省碳排放效率时空演变研究［J］. 资源开发与市场，2022（3）：272－279.

［19］戴宏伟. 产业梯度产业双向转移与中国制造业发展［J］. 经济理论与经济管理，2006（12）：45－50.

［20］都阳. 劳动力市场转折、新技术变革与城乡融合发展［J］. 学术前沿，2021（2）：28－35.

［21］窦祥胜. 论经济增长模式选择［J］. 财经问题研究，2002（3）：9－13.

［22］杜传忠，刘英基，郑丽. 基于系统耦合视角的中国工业化与城镇化协调发展实证研究［J］. 江淮论坛，2013（1）：33－39.

［23］杜珊珊. 五禽戏的健身特点及对老年人免疫功能的调节作用研究［J］. 中国免疫学杂志，2021（7）：867－869.

［24］方腾高，陈良汉，尹向阳. 特色小镇创业创新现状分析与对策建议［J］. 统计科学与实践，2019（6）：6－8.

［25］方莹馨. 有机牧场实现天然循环［N］. 人民日报，2021 - 01 - 05.

［26］冯飞，王晓明，王金照. 对我国工业化发展阶段的判断［J］. 中国发展观察，2012（8）：24 - 26.

［27］高帆. 中国城乡二元经济结构转化的影响因素分解：1981— 2009 年［J］. 经济理论与经济管理，2012（9）：5 - 18.

［28］高国力，张燕. 面向 2020 年后促进新型城镇化与产业结构升级联动研究［J］. 河北经贸大学学报，2021（3）：92 - 101.

［29］高虹，袁志刚. 产业集群的规模与效率影响［J］. 财贸经济，2021（2）：119 - 133.

［30］葛金田，张小涵. 新型城镇化对我国产业结构升级的影响［J］. 济南大学学报：社会科学版，2018（2）：32 - 38.

［31］龚晓菊，刘祥东. 产业区域梯度转移及行业选择［J］. 产业经济研究，2012（4）：89 - 94.

［32］辜胜阻. 中国二元城镇化战略构想［J］. 中国软科学，1995（6）：62 - 69.

［33］顾松年. "苏南之路"与中国特色发展模式［J］. 江南论坛，2021（9）：13 - 15.

［34］顾松年. 苏南模式创新发展和苏南经济转型升级——30 年改革开放带来苏锡常发展的历史性跨越［J］. 现代经济探讨，2009（1）：20 - 25.

［35］国务院发展研究中心和世界银行联合课题组. 中国：推进高效、包容、可持续的城镇化［J］. 管理世界，2014（4）：5 - 41.

［36］韩春虹，蒋长流. 多重利益格局中低碳城镇化转型：激励维度与协同治理［J］. 青海社会科学，2017（3）：29 - 34.

［37］韩峰，阳立高. 生产性服务业集聚如何影响制造业结构升级？——一个集聚经济与熊彼特内生增长理论的综合框架［J］. 管理世界，2020（2）：72 - 94.

［38］韩灵梅，王碧琳，楚晚春，王肖平，李亚倩．社会保障视角下农民工市民化意愿实证分析——以河南省户籍农民工820份调研数据为例［J］．河南科技大学学报：社会科学版，2018（4）：81－87．

［39］何阳，娄成武．异地养老者社会融入的四维检视与应对逻辑——基于海南省的实证调查长三角地区异地养老社会保障支持的困境及对策［J］．求实，2019（1）：84－95．

［40］洪银兴，陈宝敏．苏南模式的演进和发展中国特色社会主义的成功实践［J］．经济学动态，2009（4）：22－25．

［41］胡汉辉，沈群红，胡绪华，王贤梅，吴小松，孙雨亭．产业创新集群的特征及意义［J］．东南大学学报：哲学社会科学版，2022（5）：34－44．

［42］胡小娟，张智越．我国制造业利用外资技术溢出效应的实证分析［J］．学术论坛，2011（1）：113－116．

［43］胡钰，王一凡．文化旅游产业中PPP模式研究［J］．中国软科学，2018（9）：160－172．

［44］胡元瑞，田成志，吕萍．产业转型升级与新型城镇化建设的时空耦合效应机理与实证研究［J］．工业技术经济，2020（9）：80－87．

［45］胡志强，苗长虹，华明芳，刘丽．中国外商投资区位选择的时空格局与影响因素［J］．人文地理，2018（5）：88－96．

［46］黄光灿，王珏，马莉莉．全球价值链视角下中国制造业升级研究——基于全产业链构建［J］．广东社会科学，2019（1）：54－64．

［47］黄季焜，刘莹．农村环境污染情况及影响因素分析——来自全国百村的实证分析［J］．管理学报，2010（11）：1725－1729．

［48］黄勤，杨爽．通过产业转型升级加快推进新型城镇化建设［J］．经济纵横，2014（1）：44－47．

［49］黄志启．高科技产业集群中知识溢出效应的模型与实证分析［J］．科研管理，2013（1）：154－162．

［50］姬瑞敏．太极拳运动对中老年人脑功能和有氧运动能力的影响

[J]. 中国康复理论与实践, 2020 (6): 637 - 642.

[51] 纪尧, 周圆, 樊凯欣. 中国研发创新的影响因素以及技术提升效果——基于内生增长 DSGE 模型的分析 [J]. 经济问题探索, 2021 (11): 1 - 14.

[52] 冀名峰, 辛国昌, 刘光明, 谢冬生, 王刚, 魏莎. 中德环境友好型畜牧业发展比较: 现状和对策——中德农业政策对话工作组赴德国、荷兰调研报告 [J]. 世界农业, 2019 (2): 15 - 19.

[53] 蒋长流, 韩春虹. 低碳城镇化转型的内生性约束: 机制分析与治理框架 [J]. 城市发展研究, 2015 (9): 9 - 14.

[54] 焦晓云. 新型城镇化进程中农村就地城镇化的困境、重点与对策探析——"城市病"治理的另一种思路 [J]. 城市发展研究, 2015 (1): 108 - 115.

[55] 金浩, 刘肖. 生产性服务业与制造业协同集聚对城镇化影响的门槛效应研究 [J]. 管理现代化, 2020 (6): 11 - 15.

[56] 金星彤. 中国新一轮改革红利探讨 [J]. 党政干部学刊, 2013 (6): 57 - 59.

[57] 孔丹丹, 刘峥. 科技创新、城镇化对产业结构升级的空间效应——基于淮河流域的实证 [J]. 统计与决策, 2021 (19): 133 - 137.

[58] 赖明勇, 张新, 彭水军, 包群. 经济增长的源泉: 人力资本、研究开发与技术外溢 [J]. 中国社会科学, 2005 (2): 32 - 46.

[59] 赖一飞, 雷慧, 沈丽平. 三方共赢的特色小镇 PPP 风险分担机制及稳定性分析 [J]. 资源开发与市场, 2018 (10): 1444 - 1449.

[60] 兰秀娟, 张卫国, 裴璇. 我国中心—外围城市经济发展差异及收敛性研究 [J]. 数量经济技术经济研究, 2021 (6): 45 - 65.

[61] 兰玉彬, 王天伟, 陈盛德, 邓小玲. 农业人工智能技术: 现代农业科技的翅膀 [J]. 华南农业大学学报, 2020 (6): 1 - 13.

[62] 李川川, 刘刚. 数字经济创新范式研究 [J]. 经济学家, 2022 (7): 34 - 42.

[63] 李春梅, 李亚兵. 产业结构优化与区际产业转移: 理论与模型 [J]. 兰州学刊, 2015 (11): 197-203.

[64] 李春梅. 区际产业转移与区域经济差距 [J]. 经济经纬, 2021 (4): 13-22.

[65] 李春生. 城镇化对产业结构升级的作用机制与实证分析 [J]. 经济问题探索, 2018 (1): 47-54.

[66] 李恒, 杜德斌, 肖刚. 区域知识创新系统中科技创新与高等教育的融合关系研究——基于长三角城市群的案例研究 [J]. 上海经济研究, 2015 (5): 86-94.

[67] 李炯光. 韦伯的工业区位论及其对我国区域经济研究的意义 [J]. 重庆三峡学院学报, 2002 (2): 73-76.

[68] 李丽, 陈恩. 候鸟老年人互助组织的形成过程、建构主体和参与功能 [J]. 老龄科学研究, 2021 (1): 56-67.

[69] 李练军, 邓连望. 新生代农民工市民化能力: 一个基于"三环节"的理论探讨 [J]. 农业经济, 2016 (1): 48-50.

[70] 李练军, 潘春芳. 中小城镇新生代农民工市民化能力测度及空间分异研究——来自江西省的调查 [J]. 中国农业资源与区划, 2017 (1): 175-180.

[71] 李铭, 易晓峰, 刘宏波, 张乔扬, 吴嘉玉. 作为增长极的省会城市经济、人口和用地的集聚机制分析及对策建议 [J]. 城市发展研究, 2021 (8): 70-76.

[72] 李强, 陈振华, 张莹. 就近城镇化与就地城镇化 [J]. 广东社会科学, 2015 (1): 186-199.

[73] 李强. 影响中国城乡流动人口的推力与拉力因素分析 [J]. 中国社会科学, 2003 (1): 125-136.

[74] 李瑞, 刘超. 城市规模与农民工市民化能力 [J]. 经济问题探索, 2018 (2): 75-84.

[75] 李绍荣, 李雯轩. 我国区域间产业集群的"雁阵模式"基于各

省优势产业的分析 [J]. 经济学动态, 2018 (1): 86-102.

[76] 李实, 陈基平, 滕阳川. 共同富裕路上的乡村振兴: 问题、挑战与建议 [J]. 兰州大学学报: 社会科学版, 2021 (3): 37-46.

[77] 李书峰, 王维才. 产业结构演变与新型城镇化互动机理及其反馈机制 [J]. 城市发展研究, 2016 (3): 1-4.

[78] 李双, 周腾飞, 孙艳新. 天然负氧离子对老年高血压病的临床疗效 [J]. 中国疗养医学, 2014 (1): 20-21.

[79] 李晓梅, 赵文彦. 我国城镇化演进的动力机制研究 [J]. 经济体制改革, 2013 (3): 20-24.

[80] 李燚, 丁生喜, 任海静. 供给侧改革视角下江苏省产业结构优化策略研究 [J]. 中国市场, 2017 (29): 89-91.

[81] 李勇. 剩余劳动力、资本非农化倾向和城乡二元结构转化 [J]. 中国经济问题, 2017 (5): 58-69.

[82] 李雨潼, 曾毅. "候鸟式"异地养老人口生活现状研究——以海南省调查为例 [J]. 人口学刊, 2018 (1): 56-65.

[83] 廖才茂. 低梯度陷阱与跨梯度超越对一个发展理论的思考 [J]. 当代财经, 2002 (9): 11-14.

[84] 林柯, 董鹏飞, 虎琳. 产业转移是否推动地区经济高质量发展?——基于国家级承接产业转移示范区的证据 [J]. 管理现代化, 2022 (3): 17-23.

[85] 林细细, 张海峰, 张铭洪. 城市经济圈对区域经济增长的影响——基于中心—外围理论的研究 [J]. 世界经济文汇, 2018 (4): 66-83.

[86] 刘传江, 龙颖桢, 付明辉. 非认知能力对农民工市民化能力的影响研究 [J]. 西北人口, 2020 (2): 1-12.

[87] 刘国斌, 高英杰, 王福林. 中国特色小镇发展现状及未来发展路径研究 [J]. 哈尔滨商业大学学报 (社会科学版), 2017 (6): 98-107.

[88] 刘淑茹，魏晓晓．新时代新型城镇化与产业结构协调发展测度 [J]．湖南社会科学，2019（1）：88－94．

[89] 刘同山，孔祥智．家庭资源、个人禀赋与农民的城镇迁移偏好 [J]．中国人口·资源与环境，2014（8）：73－80．

[90] 刘纹卉，刘彦平．云南森林康养产业发展探析 [J]．西南林业大学学报：社会科学版，2019（6）：85－89．

[91] 刘晓盛，钟少涛，陈定盛，黄伟峰，温亦兴．印染定形机废气治理技术 [J]．印染，2020（6）：49－53．

[92] 柳洲．"互联网＋"与产业集群互联网化升级研究 [J]．科学学与科学技术管理，2015（8）：73－82．

[93] 罗福周，邢孟林．互联网＋资源型产业集群的特征与实现路径 [J]．现代经济探讨，2017（5）：67－71．

[94] 罗小龙，张京祥，殷洁．制度创新：苏南城镇化的"第三次突围" [J]．城市规划，2011（5）：51－55．

[95] 吕有金，高波．新型城镇化对环境污染的直接影响与空间溢出——以长江经济带108个城市为例 [J]．大连理工大学学报：社会科学版，2021（5）：41－51．

[96] 马子红．区际产业转移：理论述评 [J]．经济问题探索，2008（5）：23－27．

[97] 梅丽霞，柏遵华，聂鸣．试论地方产业集群的升级 [J]．科研管理，2005（5）：147－151．

[98] 闵学勤．精准治理视角下的特色小镇及其创建路径 [J]．同济大学学报：社会科学版，2016（5）：55－60．

[99] 潘士远，史晋川．内生经济增长理论：一个文献综述 [J]．经济学（季刊），2002（4）：753－786．

[100] 潘秀慧，陈赛宽．我市电气产业后"千亿"时代，挺进世界级赛道 [N]．温州日报，2022－06－08．

[101] 庞德良，卜睿，刘兆国．我国新能源汽车产业制度安排演进

与优化建议 [J]. 经济纵横, 2022 (4): 106 - 115.

[102] 彭芳梅. 内生城市增长理论模型与实证研究述评 [J]. 产经评论, 2010 (5): 102 - 108.

[103] 彭宜钟. 产业结构理论综述 [J]. 北方经济, 2010 (24): 33 - 35.

[104] 任晶, 杨青山. 产业多样化与城市增长的理论及实证研究——以中国 31 个省会城市为例 [J]. 地理科学, 2008 (5): 631 - 635.

[105] 任彦. 荷兰花卉业, 美丽更有竞争力 (他山之石) [N]. 人民日报, 2020 - 02 - 03.

[106] 阮建青, 石琦, 张晓波. 产业集群动态演化规律与地方政府政策 [J]. 管理世界, 2014 (12): 79 - 91.

[107] 沙德春, 胡鑫慧, 赵翠萍. 中国创新型产业集群创新效率研究 [J]. 技术经济, 2021 (2): 18 - 27.

[108] 沈翔, 戚建国. 杭州都市圈发展报告 [M]. 北京: 社会科学文献出版社, 2016: 327 - 348.

[109] 盛世豪, 张伟明. 特色小镇: 一种产业空间组织形式 [J]. 浙江社会科学, 2016 (3): 36 - 38.

[110] 盛亚, 刘越, 施宇. 基于多案例的科技创新平台价值创造实现路径研究 [J]. 科技管理研究, 2022 (16): 132 - 145.

[111] 石勇. 数字经济的发展与未来 [J]. 中国科学院院刊, 2022 (1): 78 - 87.

[112] 史欢, 李洪波. 中国高新技术产业集群知识外部性效应分析 [J]. 技术经济, 2022 (1): 66 - 76.

[113] 史晋川, 朱康对. 温州模式研究: 回顾与展望 [J]. 浙江社会科学, 2002 (3): 3 - 15.

[114] 史琼, 周莉莉, 董景, 奎黄婧. 农业产业集群发展经验分析 [J]. 世界农业, 2016 (6): 163 - 169.

[115] 司深深, 张治栋, 徐醒. 产业转移、贸易开放与经济高质量

发展——基于中国 258 个城市的实证 [J]. 统计与决策, 2022 (9): 119 - 122.

[116] 宋成一, 刘盈盈. 国内人才共享研究述评 [J]. 西北民族大学学报: 哲学社会科学版, 2019 (3): 136 - 144.

[117] 宋宏, 顾海蔚. 基于 ISM 模型的 PPP 特色小镇项目影响因素研究 [J]. 会计之友, 2019 (13): 41 - 45.

[118] 宋平凡, 陈曼丽. 中国 OFDI 与 "一带一路" 沿线国家产业升级——基于新结构经济学视角 [J]. 管理现代化, 2021 (4): 22 - 26.

[119] 宋瑛, 廖薏, 王亚飞. 制造业集聚对新型城镇化的影响研究——基于空间溢出效应的视角 [J]. 重庆大学学报 (社会科学版), 2019 (6): 1 - 13.

[120] 宋志红. 农村土地制度改革中的效率与稳定问题探讨 [J]. 中国国土资源经济, 2016 (4): 8 - 11.

[121] 孙东青, 朱钊. 欠发达地区人才流动的 "马太效应" 及应对策略 [J]. 民办高等教育研究, 2018 (1): 102 - 105.

[122] 孙祁祥, 王向楠, 韩文龙. 城镇化对经济增长作用的再审视——基于经济学文献的分析 [J]. 经济学动态, 2013 (11): 20 - 21.

[123] 孙早, 侯玉琳. 工业智能化与产业梯度转移: 对 "雁阵理论" 的再检验 [J]. 世界经济, 2021 (7): 29 - 54.

[124] 孙长城, 张凤太, 安佑志, 吴建峰, 杨庆, 魏珍, 肖粤东, 杨兴雨. 旅游业与新型城镇化耦合协调动态关系研究以成渝地区双城经济圈为例 [J]. 资源开发与市场, 2021 (3): 372 - 379.

[125] 覃芳葵, 刘伦光, 邓涛, 陈华, 李杰. 短期森林康养对中老年人肺功能影响的调查 [J]. 预防医学情报杂志, 2019 (10): 1172 - 1177.

[126] 谭洪波, 夏杰长. 数字贸易重塑产业集聚理论与模式——从地理集聚到线上集聚 [J]. 财经问题研究, 2022 (6): 43 - 52.

[127] 谭金可, 鹿启瞳. 三角地区异地养老社会保障支持的困境及

对策［J］．科学发展，2020（6）：75－81．

［128］汤治成．科技创新竞争促进的中国高科技产业集群［J］．自然辩证法通讯，2022（5）：97－104．

［129］唐刚．发展特色产业与实现新型城镇化——"特色小镇"模式的理论机制与经济效应研究［J］．商业研究，2019（6）：73－80．

［130］陶良虎，李星，张群也．城镇化对碳排放的影响研究——以广东省为例［J］．生态经济，2020（2）：84－89．

［131］田超．首位城市过大是否阻碍省域经济协调发展——基于中国省级面板数据的实证分析［J］．中国人口·资源与环境，2015（10）：87－94．

［132］屠剑虹．越王勾践投醪出征［N］．中国档案报，2017－3－10．

［133］汪凡，白永平，周亮，纪学朋，徐智邦，乔富伟．中国基础教育公共服务均等化空间格局及其影响因素［J］．地理研究，2019（2）：285－296．

［134］王华平，乌婧，赵庆章．纤维科普：生物基化学纤维［J］．纺织科学研究，2021（2）：58－61．

［135］王洁凝．关于发展装配式建筑推进新型城镇化建设的思考［J］．公共管理与政策评论，2016（2）：85－90．

［136］王立平，吴瑶．时空视角下FDI区位选择的差异研究——来自省际空间面板数据EBA模型的经验证据［J］．金融与经济，2018（10）：62－67．

［137］王然，刘波波．我国主要城市产业结构现代化水平比较分析［J］．商业经济研究，2018（4）：184－186．

［138］王沈玉，张海滨．历史经典产业特色小镇规划策略——以杭州笕桥丝尚小镇为例［J］．规划师，2018（6）：74－79．

［139］王颂吉，白永秀．中国城乡二元经济结构的转化趋向及影响因素——基于产业和空间两种分解方法的测度与分析［J］．中国软科学，

2013 (8)：92 – 103.

［140］王晓俊，王建国. 兰斯塔德与"绿心"——荷兰西部城市群开放空间的保护与利用［J］. 规划师，2006 (3)：90 – 93.

［141］王鑫静，程钰. 城镇化对碳排放效率的影响机制研究——基于全球118个国家面板数据的实证分析［J］. 世界地理研究，2020 (3)：503 – 511.

［142］王亚楠，向晶，钟甫宁. 劳动力回流、老龄化与"刘易斯转折点"［J］. 农业经济问题，2020 (12)：4 – 16.

［143］王燕，郭立宏. 产业集聚理论研究综述［J］. 环渤海经济瞭望，2021 (4)：11 – 13.

［144］王瑜. 增长极理论与实践评析［J］. 商业研究，2011 (4)：33 – 37.

［145］王玉娟，江成涛，蒋长流. 新型城镇化与低碳发展能够协调推进吗？——基于284个地级及以上城市的实证研究［J］. 财贸研究，2021 (9)：32 – 46.

［146］王玉婷，赵泽华，王逸，华晶，张大鹏，张后虎，焦少俊. 我国典型印染行业废水处理污泥污染特征研究［J］. 生态与农村环境学报，2020 (12)：1598 – 1604.

［147］魏江，魏勇. 产业集群学习机制多层解析［J］. 中国软科学，2004 (1)：121 – 125.

［148］魏敏，胡振华. 区域新型城镇化与产业结构演变耦合协调性研究［J］. 中国科技论坛，2019 (10)：128 – 136.

［149］魏守华，王英茹，汤丹宁. 产学研合作对中国高技术产业创新绩效的影响［J］. 经济管理，2013 (5)：19 – 30.

［150］翁异静，汪夏彤，杜磊. 产业结构与新型城镇化时空耦合研究——以浙江省为例［J］. 数学的实践与认识，2021 (5)：292 – 302.

［151］巫强，徐子明，黄南. 外商直接投资从上海向苏南扩散吗？［J］. 华东经济管理，2017 (9)：14 – 22.

［152］吴传清. 论任美锷关于韦伯工业区位理论的研究［J］. 中南财经政法大学学报，2007（4）：27-33.

［153］吴福象，沈浩平. 新型城镇化、基础设施空间溢出与地区产业结构升级——基于长三角城市群16个核心城市的实证分析［J］. 财经科学，2013（7）：89-98.

［154］吴穹，仲伟周，张跃胜. 产业结构调整与中国新型城镇化［J］. 城市发展研究，2018（1）：37-47.

［155］吴垚，倪卫红. 新型城镇化与物流产业耦合发展效率实证研究［J］. 商业经济研究，2020（15）：98-101.

［156］吴正红，冯长春，杨子江. 紧凑城市发展中的土地利用理念［J］. 城市问题，2012（1）：9-14.

［157］伍先福，黄骁，钟鹏. 新型基础设施建设与战略性新兴产业耦合协调发展测度及其耦合机制［J］. 地理科学，2021（11）：1969-1979.

［158］夏曾玉，谢健. 区域品牌建设探讨——温州案例研究［J］. 中国工业经济，2003（10）：43-48.

［159］夏志俊，温馨，邱晓力，冯靖祎，郑焜，朱斐，姚赛苗，江玲. 浙江省创新医疗器械产品与技术成果转化工程实施及成效分析［J］. 浙江医学，2019（12）：1325-1328.

［160］肖周燕. 人口迁移势能转化的理论假说——对人口迁移推—拉理论的重释［J］. 人口与经济，2010（6）：77-83.

［161］徐代明. 基于产城融合理念的高新区发展思路调整与路径优化［J］. 改革与战略，2013（9）：31-34.

［162］徐瑾，潘俊宇. 交通基础设施促进经济增长的时空差异与机制分析——基于双向固定效应模型的研究［J］. 经济问题探索，2019（12）：29-42.

［163］徐文舸，赵惠. "十四五"时期新型城镇化拓展投资空间的趋势和潜力［J］. 宏观经济管理，2021（6）：10-17.

[164] 许学强，李郇. 珠江三角洲城镇化研究三十年 [J]. 人文地理，2009 (1)：1-6.

[165] 薛凤旋，阳春. 外资：发展中国家城市化的新动力——珠江三角洲个案研究 [J]. 地理学报，1997 (3)：193-206.

[166] 闫钰琪，常荔. "互联网+"视域下物流特色小镇发展的影响因素与现实路径 [J]. 商业经济研究，2021 (14)：123-126.

[167] 严含，葛伟民. "产业集群群"：产业集群理论的进阶 [J]. 上海经济研究，2017 (5)：34-43.

[168] 杨林，李思赟. 城乡医疗资源非均衡配置的影响因素与改进 [J]. 经济学动态，2016 (9)：57-68.

[169] 杨世松. 农村就地城市化——中国特色城镇化道路的创新 [J]. 经济师，2008 (5) 17-19.

[170] 杨卫安，岳丹丹. 乡村小规模学校课程"开齐开足开好"的师资难题及其治理——基于共享发展的思路 [J]. 教育学报，2022 (3)：82-92.

[171] 杨晓光，李三希，曹志刚，崔志伟，乔雪，翁翕，俞宁，张博宇. 数字经济的博弈论基础 [J]. 管理科学，2022 (1)：50-54.

[172] 杨正东，李京文. 中国新型城镇化与城市低碳转型发展研究 [J]. 学习与实践，2014 (12)：5-10.

[173] 叶海景. 龙头企业知识溢出、治理效应与产业集群创新绩效 [J]. 治理研究，2021 (2)：110-117.

[174] 叶兴庆，程郁. 共同富裕重任仍在农村 [J]. 协商论坛，2022 (2)：35-39.

[175] 叶兴庆，殷浩栋. 促进农村低收入人口增收的政策取向 [J]. 湖南农业大学学报：社会科学版，2022 (1)：1-8.

[176] 易信. 新一轮科技革命和产业变革对经济增长的影响研究 [J]. 宏观经济研究，2018 (11)：79-93.

[177] 尹彬. 荷兰农业知识创新体系的考察与借鉴 [J]. 世界农业，

2016 (6): 170 – 174.

[178] 于骥. 产业结构变迁影响我国城镇化实证分析 [J]. 上海经济研究, 2017 (4): 11 – 16.

[179] 于刃刚. 配第—克拉克定理评述 [J]. 经济学动态, 1996 (8): 63 – 65.

[180] 于新循, 薛贤琼. 论"空壳社"的破产退出: 基于土地经营权入股的考量 [J]. 四川师范大学学报: 社会科学版, 2021 (4): 87 – 94.

[181] 俞思静, 徐维祥. 金融产业集聚与新型城镇化耦合协调关系时空分异研究——以江浙沪为例 [J]. 华东经济管理, 2016 (2): 27 – 33.

[182] 俞云峰, 唐勇. 浙江省的小城市培育: 新型城镇化战略的路径创新 [J]. 中共浙江省委党校学报, 2016 (2): 77 – 83.

[183] 喻开志, 屈毅, 徐志向. 健康权益可及性对农民工市民化意愿的影响——基于马克思市民社会理论的分析视角 [J]. 财经科学, 2020 (8): 52 – 67.

[184] 张海燕, 王忠云. 旅游产业与文化产业融合发展研究 [J]. 资源开发与市场, 2010 (4): 322 – 326.

[185] 张惠强. 城乡差距新趋势: 表现分析与对策研究 [J]. 中国改革, 2020 (6): 65 – 69.

[186] 张金荣, 吴朝进. 迁移, 游走, 回流: 城镇化背景下农村人口的差异化流动——基于鄂东某村的调查研究 [J]. 社会发展研究, 2020 (3): 79 – 94.

[187] 张京祥, 吴缚龙, 崔功豪. 城市发展战略规划: 透视激烈竞争环境中的地方政府管治 [J]. 人文地理, 2004, 19 (3): 1 – 5.

[188] 张京祥, 殷洁, 罗小龙. 地方政府企业化主导下的城市空间发展与演化研究 [J]. 人文地理, 2006 (4): 1 – 6.

[189] 张军涛, 游斌, 朱悦. 农村劳动力流动对城乡二元经济结构转化的影响——基于经济增长中介效应的分析 [J]. 经济问题探索,

2021（6）：125-137.

［190］张培丽. 不同经济发展阶段产业结构的合理性判断——基于各国发展经验的视角［J］. 教学与研究，2019（12）：23-35.

［191］张锐，曹芳萍. 西北地区农业产业结构演变及其发展研究［J］. 北方民族大学学报：哲学社会科学版，2020（1）：139-145.

［192］张书海，冯长春，刘长青. 荷兰空间规划体系及其新动向［J］. 国际城市规划，2014（5）：89-94.

［193］张桐. 基于"中心—边缘"结构视角的区域协调发展研究［J］. 城市发展研究，2018（8）：7-12.

［194］张潇晗，张小林，李红波. 江苏省新型城镇化与产业结构协调发展分析［J］. 南京师大学报：自然科学版，2020（3）：91-98.

［195］张询书. 农村土地承包经营权入股的风险问题分析［J］. 乡镇经济，2008（1）：36-41.

［196］张煜昊，马梦叶，等. 基层全科医生职业发展情况调查——以浙江省首批定向培养全科医生为例［J］. 中国高等医学教育，2020（2）：27-28.

［197］张占斌. 城镇化的质量最重要［R］. 中国经济报告，2013（2）：64-68.

［198］张占斌. 新型城镇化的战略意义和改革难题［J］. 国家行政学院学报，2013（1）：48-54.

［199］张之悦，高伟洪，朱婕，杨树，辛斌杰，杜卫平. 功能性结构色纳米纺织材料的研究进展［J］. 毛纺科技，2022（1）：118-124.

［200］赵金丽，张落成. 基于"核心—边缘"理论的泛长三角制造业产业转移［J］. 中国科学院大学学报，2015（3）：317-324.

［201］赵佩佩，丁元. 浙江省特色小镇创建及其规划设计特点剖析［J］. 规划师，2016（12）：57-62.

［202］浙江省桐庐县农业农村局. 农民做"股东"村企共创收——浙江省桐庐县探索土地经营权入股［J］. 农村经营管理，2020（11）：19-20.

［203］中国宏观经济研究院国土开发与地区经济研究所课题组. 面向 2020 年后促进新型城镇化与产业结构升级联动研究［J］. 河北经贸大学学报，2021（2）：92 – 101.

［204］钟娟芳. 特色小镇与全域旅游融合发展探讨［J］. 开放导报，2017（2）：54 – 58.

［205］钟无涯. 科技创新平台主体异质性与运营差异比较［J］. 科技管理研究，2015（14）：83 – 88.

［206］周春山，王宇渠，徐期莹，李世杰. 珠三角城镇化新进程［J］. 地理研究，2019（1）：45 – 63.

［207］周琦玮，刘鑫，李东红. 企业数字化转型的多重作用与开放性研究框架［J］. 西安交通大学学报：社会科学版，2022（3）：10 – 19.

［208］朱斐，夏志俊，温馨，张琪峰，江玲. 浙江省创新医疗器械应用现状调查与分析［J］. 浙江医学，2016（22）：1842 – 1843.

［209］朱纪广，张佳琪，李小建，孟德友，杨慧敏. 中国农民工市民化意愿及影响因素［J］. 经济地理，2020（8）：145 – 152.

［210］朱英，章琰，宁云. 现代化农业技术推广中的"能人效应"［J］. 中国科技论坛，2021（8）：120 – 125.

［211］朱应皋，王遐见. 中国经济发达地区工业化水平探析江苏工业化发展水平的个案研究［J］. 当代经济研究，2002（3）：21 – 25.

［212］庄羽，杨水利. "强省会"战略对区域创新发展的影响——辐射还是虹吸？［J］. 中国软科学，2021（8）：86 – 94.

［213］邹德慈. 对中国城镇化问题的几点认识［J］. 城市规划汇刊，2004（3）：3 – 5.

［214］邹一南. 农民工市民化困境与新一轮户籍制度改革反思［J］. 江淮论坛，2020（4）：54 – 61.

［215］左文明，丘心心. 工业互联网产业集群生态系统构建——基于文本挖掘的质性研究［J］. 科技进步与对策，2022（5）：83 – 93.

［216］左正. "珠江三角洲模式"的总体特征与成因［J］. 经济理

论与经济管理, 2001 (10): 71 - 75.

[217] 曾德超. 增长极理论对中国区域经济发展的启示 [J]. 经济与管理研究, 2005 (12): 11 - 16.

[218] Bogue D. J. Internal Migration [A]. P Hauser, O. D. Duncan (Eds). The Study of Population: An Inventory and Appraisal [M]. Chicago: University of Chicago Press, 1959: 486 - 509.

[219] E. Ravenstien. The Laws of Migration [J]. Journal of the Royal Statistical Society, 1889, 2 (52): 241 - 305.

[220] Everett S. Lee. A theory of migration [J]. Demography, 1966 (3): 47 - 57.

[221] Francois Perroux. Growth Pole Theory [J]. Applied Economics, 1955 (7): 307 - 320.

[222] Friedmann J. R. A General Theory of Polarized Development [J]. In: N. M. Hansen, 1972: 94 - 96.

[223] Friedmann J. R. Regional Development Policy: A Case of Venezuela [M]. Cambrige: MIT Press, 1966: 12 - 65.

[224] John C. H. Fei & G. Ranis. A Theory of Economic Development [J]. American Economic Review, 1961 (51): 533 - 558.

[225] Krugman Paul. Increasing Returns and Economic Geography [J]. Journal of Political Economy, 1991 (99): 483 - 499.

[226] Lewis W. A. Economic Development with Unlimited Supply of Labor [J]. The Manchester School of Economics and Social Studies, 1954, 22 (2): 139 - 191.

[227] Paul M. Romer. Increasing Returns and Long-run Growth [J]. The Journal of Political Economy, 1986 (94): 1002 - 1037.